JN409354

마음들에게
靈魂을

志石 최기춘 처녀 수필집

마음들에게 靈魂을

수필과비평사

첫수필집을 선보이는 마음

정년퇴임을 앞두고 곰곰 생각해 보았다. 퇴임 뒤 무엇을 할까? 돈벌이가 되거나 명예가 따르는 일은 하고 싶지 않았다. 평생 살얼음판을 걷는 마음으로 조심조심 구속받고 살았는데 더 이상 구속받기가 싫고 마음 편히 살고 싶어서였다. 그간 꼭 하고 싶었으나 못 해본 일들을 하고 싶었다. 그 첫 번째가 닭소리와 개소리가 들리지 않는 깊은 산사(山寺)에 들어가 누구에게도 구속받지 않고 마음껏 자유를 누리며, 명상도 하고 좋은 책을 많이 읽고 싶었다. 또 살아오면서 보고 느꼈던 일들을 글로 표현해보고 싶었다. 그러나 생각처럼 쉽게 용기를 낼 수가 없었다. 그래서 찾은 곳이 전북대학교 평생교육원 수필창작과정이었다.

난생 처음 글쓰기에 대한 강의를 듣고 글을 쓰려니 생소하기도 하고 서툴렀다. 지도교수님의 친절하고 자상한 가르침과 함께 공부하는 문우들과 새로운 만남이 즐겁고 정이 두터워져 매주 목요일 강의 날이 기다려졌다. 강의를 시작할 때마다 수강생들에게 칭찬거리를 발표케 하는 시간이 있다. 그것이 재미있고 좋았다. 남을 칭찬한다는 것은 좋은 일이다. 예인조복譽人造福이라 하지 않던가.

남이 잘하는 행동을 눈으로 보고 마음으로 느껴 칭찬하고 글로 표현하도록 하는 교육방법 이었다. 공부시간마다 칭찬을 해야 하니 늘 칭찬거리를 찾아야 했다. 그러다보니 수필공부를 하면서 좋은사람들이 눈에 많이 띄었다. 잘못이 아니라 잘하는 것을 찾으려는 노력이 앞으로의 삶에도 큰 도움이 될 것이라 생각한다. 내가 하고 싶었던 수필공부이기에 즐거웠다. 글을 한 편, 한 편 쓸 때마다 아내가 성실한 첫 독자가 되어 비평과 함께 용기를 주어 고마웠다. 마침내 내 글이 2008년 11월 종합문예지 ≪대한문학≫에서 등단작으로 선정되어 신인상을 받게 되었다.

수필가로 등단한 뒤 한때 글이 잘 써지질 않아 갈등을 느꼈다. 어린 시절부터 무엇 하나 자신 있게 잘 하는 것이 없었던 나는 그간 항상 조심스럽게만 살아왔다. 그래서 매사가 망설여지고 주위 사람들의 평가가 두려웠다. 가정과 고향 그리고 주변사람들의 이야기, 또는 TV나 신문 방송을 보고 느낀 일들을 간혹 한 편씩 수필로 썼다. 수필의 소재가 생활주변의 이야기다보니 변변치 않은 나를 진솔하게 들어내는 게 퍽 어려웠다. 평생 틀에 갇혀 살아온 삶이라 단조롭기도 하고 우물 안 개구리를 벗어나지 못한 기분이다. 쓴 글들을 간추려 책으로 엮어 내려니 쑥스러워 많이 망설였다. 그러나 못난 자식은 자식이 아니냐 싶어 용기를 내어 처녀수필집을 내게 되었다. 그간 수필가로 인도해준 김학 교수님과 수필집 편집을 도와준 나인구 형, 세호를 흔쾌히 써준 김진석 형께 감사를 드린다. 그리고 이 책을 흔쾌히 만들어 준 수필과비평사 서정환 사장과 든든한 두 아들에게도 고맙다는 마음을 전하고 싶다.

2012년 청포도가 익어간다는 7월에

천년고도 전주 우성우거寓居에서 志石 **최기춘**

■ 차 례

3부
가족의 품

4부
생각이 머물던 순간

5부

추억의 메아리

6부

동풍서풍東風西風

■ **발문**

1부

향수에 젖어

섬진 댐 수몰민들의 한숨 소리

친구들이 나를 수몰민이라 놀려대지만 내 고향 운암은 살기 좋은 고장이었다. 섬진강 물줄기 따라 마을을 이루어 수리안전답인 농토는 비옥하고 자연 경관도 아름다울 뿐만 아니라 먹고 살기가 넉넉하였다. 인심 또한 순박하고 자손들 교육도 힘써 많은 인재를 배출한 고장이다. 그런데 일제 강점기 때인 1926년 남한에서는 최초로 수력발전과 농업용수 확보를 목적으로 운암제가 축조 되어 하 운암 일부가 물에 잠겼다. 그 뒤 1930년대 2차 댐을 축조 하려고 강제적으로 헐값에 용지를 사들이고 본격적으로 공사를 진행하던 중 일본의 패망으로 2차댐 공사가 중단되었다. 우리고장 운암 사람들은 일본패망과 더불어 댐 공사까지 중단되어 퍽 다행스럽게 생각했었다.

그러나 5 · 16혁명정부에서 댐을 축조하면서 일제강점기에 용지매수 한 것을 빌미로 용지보상도 하지 않고 댐 공사를 추진하였다. 이주는 부안군 계화도 간척지와 경기도 시흥 반월 폐 염전으로 시킬 계획으로 이농 보상만 10여년에 걸쳐 여덟 번에 나누어 지급하고 공사를 강행하였다. 1965년 댐을 준공하기에 이르렀으나 기술부족과 공사를 서둘면서 배수갑문을 설치하지 않아 장마기에 물이 계속 불어나도 수위를 조절 할 수 없었다. 운암 사람들은 살던 집을 철거도 못한 채 가재도구만 대충 챙겨 불어나는 물에 쫓겨 전쟁 피난민처럼 35사단 장병들의 도움으로 마을 뒷산에 설치한 야전 천막에서 여름을 보내게 되었다. 그러나 일부는 객지로 뿔뿔이 떠나고 형편이 다소 괜찮은 사람들은 정부에서 마련한 현재의 운암 소재지에 정착하게 되었다. 나머지사람들은 살던 동네 뒷산에 임시방편으로 움막처럼 집을 짓고 살아야 했다. 처참하기 이를 데 없는 상황이었다. 수몰민들의 사정을 잘 모르는 사람들은 보상을 여러 번 받은 걸로 알지만 한 번에 목돈으로 받아야할 보상금을 장기간에 나눠서 받으니 푼돈이 되어 버려 이주하는데 별 도움이 되지도 못한 게 사실이다.

생각할수록 참으로 어처구니없는 일이다. 이사 준비는커녕 이사 갈 곳도 마련되지 않은 상태에서 조상 대대로 살아온 삶의 터전에 물을 채워 쫓겨난 수몰피해민들의 처참한 정경을 상상하면 도저히 이해 할 수없는 처사였다. 학교도 옮기지 못한 상태여서 학생들은 나무그늘이나 마을의 모정 또는 정자 에서 수업을 하기도 했었다.

지금의 사회 상황에서 그러한 일들이 전개되었다면 아마 폭동이 일어났을지도 모른다. 그러나 그때의 시대상은 현재와는 많이 달랐다. 우선 댐 공사장도 국토건설단원들이 동원되어 일을 하다 보니 공사감독들이 총을 메고 공사감독을 한다는 소문이 날정도로 사회분위기가 일반 국민들을 주눅 들게 하여 속 시원하게 하고 싶은 말 한마디 못하고 가슴에 한을 품을 수밖에 없었다.

그 뒤 나는 공무원시험에 합격하여 고향인 운암면사무소에서 근무 하였다. 수몰 뒤 운암사람들의 삶은 너무도 힘들고 고달팠다. 계화도 간척지공사가 덜되어 이주 할 곳도 없고 그간에 농사짓던 땅은 물에 잠겨 오갈 곳이 없게 되었다. 일부는 정해진 곳 없이 객지를 떠돌고 나이 들어 힘도 없고 객지로도 나갈 수 없는 사람들은 마을 뒷산에 움막처럼 집을 짓고 물에 잠긴 전답에 물이 빠질 때 보리나 수수농사를 지어 연명하는 수몰 피해민들의 모습을 보면서 퍽 가슴 아팠다.

특히 추석 무렵이면 객지에서 떠돌던 실향민들이 고향에 찾아와 조상들의 묘소에서 잔디를 부여잡고 대성통곡을 하면서 세상을 원망하고 신세타령을 하는 사람들을 출장을 오가다 보면 나도 덩달아 눈시울이 뜨거워지기도 했었다. 비록 공무원 생활은 하고 있지만 정부의 잘못된 행정을 많이 원망 했었다. 계화도 간척지 공사는 댐 준공 뒤 10년이 지나서야 완공되었다. 막상 계화도 간척지가 준공되었으나 10여 년 간 농사지을 땅도 없고 일자리도 없어 정부에서 받은 이농 보상금은 그간의 생계비로 다 써버리고 이주증권도 대부분 헐값에 팔아 버린 상태였다. 계화도로 이사하여 정착하기가 쉽지 않아 2,000여세대중 300세대정도만 계화도에 이주하고 나머지 세대는 전국으로 뿔뿔이 흩어졌으며 또 일부는 운암에서 어렵게 살고 있다.

그런데 나라의 물 사정이 어렵게 되자 섬진 댐 주변을 재개발하여 저수량을 늘리려고 수몰선내에서 거주하는 수몰피해민들을 다시 이주시킬 계획을 추진하고 있다. 좋은 제목을 붙여 재개발 운운하지만 사실은 댐을 막으면서 배수갑문을 설치하지 않아 예측하지 못한 상황에서 차오르는 물에 쫓기는 수몰민들의 집단 이주단지를 급하게 지정하다보니 현재의 운암 소재지에 이주단지를 조성하여 면사무소를 비롯한 각종 정부기관을 이전하고 일부 주민들도 이전시켰다. 그러나 1969년 큰비가 내리자 정부에서 지정하여 이주시킨 운암면소재가 물에 잠겨버렸다. 그 뒤 다시 측량을 한 결과 정부의 실책으로 홍수위선 내에 이주단지를 지정한 사실이 밝혀져 댐의 정상수위는 196.5m 인데 5m를 낮추어 191.5m 까지만 물을 채워 운영했었다. 그러다가 섬진 댐 주변을 재개발 한다는 미명이래 수몰민들을 다시 이주시키겠다는 계획을 세웠다.

나라가 가난하던 시절 전력과 농업용수 확보라는 미명 아래 우리고향 운암면이 희생양이 되었다. 우리고향과 같은 시기에 같은 목적으로 용지를 매수한 진안용담댐은 나라가 발전하여 경제적으로 여유가 있을 때 댐을 축조하면서 일제강점기에 매수한 토지를 무상으로 원소유자들에게 되돌려 준 뒤 정부에서 다시 매수하여 댐을 축조하면서 이주대책도 철저하게 수립하여 이주시키고 피해보상도 넉넉히 받는 상황을 지켜보면서 섬진 댐 수몰민들은 과연 정부의 처사를 어떻게 생각할까? 정부의 관계자들은 역지사지의 심정으로 헤아려 봐야 할 일이다. 나는 임실군청에서 근무하면서 운암 수몰민들에 대한 대책을 마련 하기위해 군수님들을 모시고 정부의 관계부처를 자주 방문 하였었다. 그러나 현재 중앙부처에 근무하고 있는 공무원들이 40여년이 지난 정부의 잘못과 시행착오를 바로잡기에는 어려운 일이어서 특별한 대책을 마련하지 못했다.

지난 추석 성묫길에 만난 고향 어른들은 불만과 시름에 밤잠을 못 이루고 앞날을 크게 걱정들을 하셨다. 정부의 실책으로 우리세대 못살고 고생한일도 억울하고 가난을 대물림까지 해서 자손들 볼 면목도 없는데 또 고향을 떠나라하니 억장이 무너진다는 말씀들이었다, 보상이나 넉넉히 주려는지 모르겠다. 보상을 많이 받으려면 떼 법이 최고라는데 노인들만 살고 있어 떼를 쓸 힘도 없다고 한탄하는 말을 듣고 안타깝기 짝이 없었다. 정부 관계부처의 일개 실무자나 관계 공무원들의 의지만으로는 운암 수몰민들의 한을 풀어주기는 어려운 일이다. 그러니 정부에서는 특별법을 제정해서라도 철저한 이주대책과 완전하고 흡족한 보상으로 · 섬진 댐 수몰민들의 40여년의 한을 봄눈 녹듯이 녹여 주었으면 한다.

(2008. 9. 23.)

고향과 문학

문인들은 태어나서 어린 시절에 자란 자연환경이나 주변 인물 등 고향의 영향을 많이 받는다. 글을 쓸 때 고향을 의식하지 않아도 자연스레 고향의 정취가 글에 스며든다. 고향은 누구에게나 모성과 같은 영원한 그리움을 주는 원초적 공간이기 때문일 것이다. 명성이 높은 시인이나 소설가, 또는 수필가들의 작품세계도 자세히 들여다보면 작가의 고향환경이 어렴풋이 보인다. 그래서인지 요즈음 들어 문학단체나 중 · 고등학교에서 작가들의 고향을 찾아 떠나는 문학기행을 더러 본다. 글을 쓰는 문인들이나 청소년들에게 퍽 의미 있고 효과가 큰 교육현장이 될 것이다. 작가의 고향을 찾아가는 문학여행은 봄 · 여름 · 가을 · 겨울 굳이 시기를 가릴 필요도 없다. 언제라도 가면된다. 작가의 고향은 언제 가더라도 글의 깊은 내면을 엿 볼 수 있고 교감이 이뤄질 것이니 말이다.

우리고향 임실은 예로부터 학문을 숭상하여 충효열사와 글을 잘 하는 선비가 많이 배출된 곳이다. 우리고향에는 향교와 세 곳의 사액서원과 열두 곳의 서원이 있다. 이는 예로부터 우리고장의 선현들이 얼마나 학문을 중시했는가하는 증거가 된다. 근세에 들어서는 전국에서 박사가 가장 많이 배출되었다 하여 우리 군 삼계면을 박사 고을이라 한다. 인구 2천명도 안 되는 산골 면에서 현존하는 박사가 140여 명이나 배출 되었다니 유명해질 만하다. 그래서 삼계면 세심골에 가면 박사관도 건립하여 박사들의 자료를 모아 전시해놓고 있다. 또 농촌 체험마을을 운영하고 있어 박사관을 찾는 내방객들이 날로 늘어난다.

우리고향은 지세가 문학을 하기에 좋은 환경이어서 박사도 많이 배출되었지만 문인들도 그에 못지않게 많다. 1993년에는 고향을 지키며 문학 활동을 하는 문인들과 경향각지에서 활동하고 있는 문인들이 협력하여 한국문인협회 임실군 지부를 조직하여 지금은 회원 수만도 90 여명이나 된다. 문인들 간의 정도 끈끈하다. «임실문학이란» 종합 문예지를 매년 상ㅁ하반기로 발행하여 지난 봄 33호가 발행되었다. 학생백일장대회도 하고 다문화가정주부들을 대상으로 한글 편지쓰기 대회도 연다. 회원들의 문학성 향상을 위해 문학상도 제정하여 매년 시상하고 다른 문학단체와의 교류도 활발하다.

우리고향 출신으로 김용택 시인, 김학 수필가, 故 허세욱 문학박사, 故 김영곤 방송작가 등은 이름 석 자만 대면 책을 가까이 하는 사람들이라면 임실출신 문인이라고 다 안다. 글 한편이 그 지역을 유명한 관광 명소로 만든 사례들이 많다. ≪토지≫의 하동이나 ≪메밀꽃 필 무렵≫의 봉평 등이 대표적인 사례라 하겠다. 우리고향에도 섬진강 시인으로 널리 알려진 김용택 시인의 고향을 찾아오는 문학기행단들이 많다. 문학기행단들의 수가 해마다 늘어나고 김용택 시인이 근무하던 초등학교로 전학 온 학생들도 많다고 한다. 퍽 자랑스럽고 기쁜 일이 아닐 수 없다. 김용택 시인을 찾아오는 경향각지의 문인들에게 우리고향의 넉넉한 인정을 베풀어 김용택 시인의 시향에 취하고 우리고향의 아름다운 경치와 넉넉한 인정을 못 잊어 다시 찾아오고 싶은 마음을 갖도록 했으면 좋겠다. 그리하면 김용택 시인의 생가 주변은 경관도 좋으니 관광 명소가 될 것이다. 지방자치단체마다 자기네 고장을 알리기 위해 여러 방면으로 지역 홍보에 열심이다. 고향을 지키는 문인들은 물론 출향 문인들도 우리 군을 널리 알리는 좋은 글을 많이 써서 우리고향이 문학의 고장으로 더 유명해졌으면 좋겠다.

고향나들이

고향생각을 하면 나이가 들어갈수록 어릴 적 어머니의 품속 마냥 따스하고 아늑함을 느낀다. 그러나 우리고향은 1965년 농업용수확보와 수력발전소 건설을 위한 다목적댐으로 막혀 기름진 문전옥답이 물에 잠기고 함께 살았던 이웃이나 다정한 친구들은 전국 방방곡곡으로 뿔뿔이 흩어졌다. 어릴 적 다녔던 초등학교도 이전되어 고향을 바라보면 겨울에 보는 대추나무처럼 앙상한 모습이어서 마음 한구석이 항상 허전하다. 고향생각만하면 고향을 반쯤 도둑맞은 심정 이다.

내 고향은 전북 임실군 운암면으로 농경시대에는 살기 좋은 곳이었다. 동네 마다 큰 내가 앞으로 흐르고 있어 농경지는 수리 안전답으로 비옥하였다. 넓은 들판에는 군데군데 물레방앗간이 있고 동네 뒤로는 산들이 병풍처럼 바람을 막아주어 마을 풍경이 아름답고 평화롭기 그지없는 곳이다. 이렇듯 산세가 좋고 전답이 비옥하니 먹을거리가 풍부하여 인심이 넉넉하고 자식들 교육에도 힘써 훌륭한 인재도 많이 배출한 고장이었다. 나는 운암면 입석리에서 출생하여 6.25때 우리 집이 전소되는 바람에 쌍암리 염재 동네로 네 살 때 이사하여 열여덟 되던 해에 지금의 운암 소재지로 이사했다. 그래서인지 네 살 때부터 열여덟 살까지 살았던 염재 동네에서의 어린 시절 꾸었던 아름다운 꿈과, 풋풋한 인정, 구수하고 정겨운 사랑방 이야기들이 들려오는 듯하다. 염재에서 살면서 쌓인 아름다운 추억들은 오랜 세월에도 잘 씻겨 지지 않는다.

우리 동네는 100여 호가 채 못 되는 동네로 단합이 잘 되었다. 동네 어귀에는 수백 년 된 정자나무가 30여주이상 울창한 숲을 이루고 있었고, 정자나무거리 주변에 둥그런 돌탑이 쌓여 있어 동네 어귀에 들어서면 멋진 풍광과 범접 할 수 없는 기상이 있는 동네였다. 제일 큰 정자나무 주변은 간혹 촛불이 켜(져) 있었고 나무에 새끼줄이 둘러 쳐졌던 기억이 난다. 어려운 일이 닥친 집안에서는 그 정자나무에 공을 들이넌 잘 이루어지기도 한 모양이었다.

정자나무 숲에는 모정이 아담하게 자리 잡고 있고 모정 옆에는 크기가 각기 다른 동그란 들 독들이 여러 개 놓여 있어 장정들이 간혹 힘자랑을 하기도 했었다. 널따란 모래씨름장도 있어 여름이면 동네 청소년들의 놀이터가 되기도 하고, 7월 백중날이면 온 동네 사람들이 모여 술과 음식을 나누어먹는 연회장이 되기도 했으며, 동네의 대소사를 논하는 큰 회의장 역할도 하는 곳이었다.

염재에서 어린 시절을 보내서 인지 지금도 염재 산골짜기 이름들도 기억이 생생하다. 국골, 다담골, 덤박골, 북시미골, 사기정골, 양반모골, 왱이골, 아홉상여골, 바람골 등 골짜기 이름들도 정겹다. 산골짜기마다 봄이면 나물을 캐고, 여름이면 퇴비에 쓰일 풀을 베고. 가을이면 초도 베고 감 밤, 머루나 다래를 따기도 하고, 겨울이면 땔나무를 하느라 골짜기마다 어지간히 누비고 다녔던 아름다운 추억들이 쌓인 곳들이다.

마을 중심부로 실개천이 졸졸 흘러 여름 장마기에는 생활용수로 사용하기도하고 우리들은 이곳에서 수영의 기초를 다질 만큼 제법 물이 많이 흐르고 가재나 미꾸라지 붕어 메기 같은 물고기들도 서식하고 있어 여름철이면 어린이들이 물놀이를 즐기기에는 충분했다.

지난 초복 날 고향엘 갔다. 부모님이 돌아가신 뒤로 고향엘 가는 횟수가 줄어들긴 했어도 고향에서 면장으로 정년퇴임한 형님이 지금도 고향 집을 지키고 있어 간혹 시간이 나면 가기도 하지만 이날은 정겨운 고향 어른들과 친구들을 초청해서 점심을 대접했다. 점심을 먹는 내내 대화는 자연스레 옛날의 고향이야기로 꽃을 피웠다. 옛날 명절이나 칠월백중날 온 동네 '술 먹이 잔치'를 할 때면 어른들이 농악놀이를 하였다. 그때는 TV나 라디오도 없던 시절이고 특별한 볼거리가 없던 시절이어서 농악놀이를 하면 온 동네 남녀노소가 다 모여 화합 한마당 잔치가 되었다.

농악놀이는 동네어른 들이나 청년들이 다 참여했고 부녀자들이나 노인, 어린이들이 관객이 되어 온 동네 사람들이 다 모였다. 농악놀이는 이정열 어른이 주로 이끌었는데 그 어른의 꽹과리나 장구 치는 솜씨는 가히 인간 문화재급 수준이었다. 설이나 추석 같은 큰 명절에는 신파극도 하고 노래자랑을 하기도 하였다. 정월 대보름이나 추석명절이면 마을 여기저기에 있는 징검다리는 서로 이웃도 모르게 선행하려는 어른들이 놓았다. 이렇듯 우리 동네는 인심이 넉넉하고 문화수준도 꽤나 높았다.

모처럼 고향을 찾아 어른들과 친구들이 한자리에 모여 즐겁게 점심과 함께 마신 술맛은 술잔마다 정이 철철 넘쳤다. 고향어른들과 친구들도 모두 즐거워했다. 앞으로 자주 고향에 들러 고향사람들과 어울리며 살아야겠다는 약속을 하고 헤어졌다. 고향을 찾는 일은 언제나 즐거운 나들이였다.

(2009. 여름)

허수아비들도 떠나버린 농촌

허수아비들은 농부들의 소탈하고 순박함을 닮아서 그런지 농부들의 헌옷과 밀짚모자를 꾹 눌러쓰고 밤낮없이 뙤약볕 아래 서있었다. 바람이 불거나 천둥번개가 쳐도 허수아비들은 한눈팔지 않고 논밭을 지키면서 한 발짝도 떼지 않았었다.

허수아비들도 때로는 예기치 않은 수난도 당했다. 내가 초등학교 다니던 시절에는 엿장수들이 빈 유리병이나 여러 가지 쇠붙이, 헌 고무신은 물론 헤진 삼베옷도 엿과 바꿔 주었다. 그래서 가끔 시망스런 애들이 허수아비의 옷을 홀랑 벗겨서 엿을 바꿔 먹어버려 모자만 쓴 채 발가벗고 서있는 허수아비들도 더러 있었다. 그런 수난을 당하면서도 허수아비들은 주인의 허락 없이는 자리를 뜨지 않고 고집스럽게 농부들과 함께 농촌을 지켜왔었다.

그런데 허수아비들이 언젠가 논밭을 떠나 도로가의 코스모스꽃길이나 도시근교의 공원으로 자리를 옮기는가 싶더니 아예 논밭을 지키는 허수아비보다 도회지로 떠나간 허수아비들의 수가 더 많은 것 같다. 농부들이 농사를 지어봐야 살길이 막막하여 농촌을 떠나는데 허수아비인들 무슨 재미로 논밭을 지키겠는가? 아예 농촌을 떠나려고 작심을 한 모습들이다. 차림새부터가 예사롭지 않다. 논밭을 지킬 때는 검소하게 농민들이 입다 헤진 삼베옷에다 헌 밀짚모자였는데 지금은 입고 있는 옷이나 쓰고 있는 모자도 세계적인 유명메이커들의 옷차림으로 허수아비 패션쇼를 연출 하고 있다.

옛날 시골길을 걷다가 달밤에 혼자 외롭게 넓은 논밭을 묵묵히 지키는 허수아비를 보면 반가웠다. 논밭을 떠나 코스모스 꽃길이나 도시근교의 공원으로 간 허수아비들이 옷매무새는 화려하기 짝이 없다. 떼를 지어 서있으니 외롭지는 않을 것 같지만, 자동차들이 쌩쌩 달리는 도로변이나 도회지의 가로등 불빛아래 서있는 허수아비들은 어쩐지 고향을 떠난 실향민처럼 쓸쓸해 보여 안타깝다.

우리 조상들은 일찍부터 정착하여 오랜 세월동안 농사를 짓고 살아왔나. 그래서 농자천하지대본이라고까지 했었다. 그만큼 농사는 우리 조상대대로 이어 내려온 생업의 근본이다. 어릴 때 아버지가 "세상에서 가장 소중한 것이 무엇이냐"고 물어서 쌀이라고 대답하여 크게 칭찬 받은바있다. 지금 생각해도 세상에서 가장 소중한 것은 쌀이라는 생각에는 변함이 없다. 허수아비들도 쌀의 소중함을 알기에 비바람이 몰아치고 천둥번개가 쳐도 논밭을 떠나지 않고 지켰으리라 믿는다. 그런데 요즘 농민들이 벼 가마를 자치단체와 농협청사 앞마당에 야적하면서 생산비에도 못 미치는 쌀값에 대한 대책을 요구하는 모습을 보면 마음이 답답하다.

나는 농촌에서 태어나 농사를 짓다가 결혼 한 뒤 공무원시험에 합격하여 34년의 긴 세월 공무원생활을 하다 정년퇴임했다. 그래서 농민들의 처지를 다소는 알고 있다고 자부한다. 전주 매곡교 부근에 새벽이면 장이 서는데 대부분 우리들의 밥상위에 오르는 농수산물장이다. 나는 가끔 새벽 산책길에 장에서 찬거리들을 사기도 한다. 그곳에서 물건을 살 때 값이 너무 싸면 오히려 마음이 무거워 진다. 요즘은 김장철을 앞두고 무와 배추 값이 생산비에도 못 미친다고 울상들이다.

미국산 쇠고기 수입개방과 쌀을 비롯한 각종 농산물을 개방하여 요즘 들어 쌀값은 물론 모든 농산물 값이 폭락하여 농민들은 살아갈 길이 막막하다. 농촌의 장래가 걱정이다. 요즈음 젊은이들과 함께 허수아비마저 도회지로 떠나 늙고 힘없는 노인들만 농촌을 지키고 있다. 정부에서는 농촌에 대한 좋은 시책을 마련하여 도회지로 떠난 젊은 농부들과 허수아비들이 다시 농촌으로 돌아와 가을이면 농자천하지대본 깃발을 높이 들고 농악을 울리며 함께 어울려 축제를 여는 모습을 볼 수 있도록 했으면 좋겠다.

우리 소, 한우가 웃게 하라

5월을 계절의 여왕 또는 가정의 달이라고 한다. 요즘이니까 5월을 계절의 여왕이니 가정의 달이니 하면서 좋아 하지만 우리세대들 대부분은 생각하기도 싫은 달이 5월이었다. 절대적 빈곤시대를 벗어나지 못한 상황이라 살기 어려웠지만 그중에서도 1년 중 가장 지내기 힘든 달이 보릿고개의 막바지인 5월이 아니었던가.

보릿고개에 대한 속담도 가지가지였다.

"보릿고개를 못 넘고 죽는다."

"보릿고개 에도 안 죽은 놈이 벼 고개에 죽는다."

"보릿고개가 태산같이 높다."

"보릿고개에는 딸네 집에도 가지 말랬다."

“고개 중에 제일 높은 고개가 보릿고개다.”

이처럼 다양한 보릿고개에 얽힌 속담들조차도 보릿고개와 더불어 사라져 버렸다.

나라경제가 발전하고 생활의 여유가 생겨서인지 금년의 5월은 쇠고기 타령으로 온 나라가 뜨겁다. 소들이 어떻게 생각할까? 동물들 중에서 소처럼 사랑받고 대접받는 동물이 또 어디 있던가. 지금은 소라고 하면 쇠고기만을 연상하지만, 옛날, 소는 살림살이를 함께하는 가족이나 다름없었다. 소에 대한 속담만 봐도 얼마나 우리들이 소를 믿고 소중하게 여겼는지 알 수 있다.

“자식 없이는 농사지어도 소 없이는 농사 못 짓는다.”

“소는 믿고 살아도 종을 믿고는 못산다.”

“마누라에게 한말은 새도, 소에게 한말은 안 샌다.”

“소는 땅 다음 가는 재산이다.”

이렇게 소는 믿음직하기도 하지만 재산적인 가치도 큰 비중을 차지했었다. 옛날 자식을 대학에 보내고 소를 팔아 그 돈으로 등록금을 냈기 때문에 대학을 상아탑이라고도 하고 우골탑이라고 하지 않았던가. 옛날에는 소에 대한 대접도 융숭했었다. 사람은 굶어도 절대로 소는 굶기지 않았다. 굶기지 않을뿐더러 부지런한 사람들은 아침 일찍 들에 나가 소가 좋아하는 풀을 베어다가 소부터 먹이고 밥을 먹었다. 소는 무거운 짐 다 나르고, 논밭을 갈며, 사람을 대신해서 힘든 일을 도맡아 하다가 죽은 뒤에는 고기와 가죽까지도 모든 걸 제공했다. 우리나라의 소는 미국의 소처럼 몹쓸 병에 걸려 사람들에게 걱정을 끼치지 않았다. 그래서 농민들뿐만 아니라 우리국민들 모두는 우리소, 한우에 대한 사랑과 믿음이 각별하다. 그런데 정부에서 미국산 쇠고기 수입을 전면 개방함으로써 우리나라 국민이 크게 저항하고 있다. 미국산 쇠고기 수입에 대한 국민들의 저항은 단순히 광우병 불안에서만 오는 불만뿐만 아니라 우리소, 한우를 사랑하는 마음도 저변에 깔려 있음을 알아야 할 것이다. 그런 줄도 모르고 정부는 장관이 기자회견을 하고, 총리가 담화를 발표하고, 국회에서는 청문회를 열지만 국민들은 아랑곳하지 않고 재협상을 요구하며 대규모 촛불집회로 맞서고 있는 게 아닌가?

정부는 졸속으로 맺은 쇠고기협정을 사실대로 알리고 잘못이 있었으면 겸허히 사과한 뒤 광우병에 대한 대책은 물론 우리국민들의 정서를 고려하여 미국산 쇠고기 수입으로 푸대접을 받게 된 우리소, 한우에 대한 대책을 세워야 해답이 나오지 않을까? 나는 소들이 웃는 모습을 별로 보지 못했다. 그러나 소들도 기분이 좋으면 가끔 웃는다. 정부가 이러한 대책을 마련하고 소들에게 묻는다면 아마 소들도 웃으면서 용서 할 것이다. 이렇게 해서 우리소, 한우가 웃어야 성난 민심도 수습될 수 있으려니 싶다.

철거되는 고향집

고향집에 들어서면 어머니 냄새가 난다. 아버지의 기침소리와 형제들의 웃음소리도 들린다. 부모님과 형제들이 함께 살던 고향집에는 눈에 보이지 않는, 말과 글로 표현하기 어려운 특별한 애정이 서려있다. 이렇게 잊을 수 없는 정든 고향집이 섬진댐 재개발사업으로 철거당하게 되었다. 나도 실향민이 된 기분이다.

고향집은 섬진댐이 완공되어 1965년 운암면 소재지가 조성될 때 제일 먼저 지었다. 풍수지리를 잘 아는 사람들로부터 집터가 좋다는 말을 많이 들었다. 나 같은 무뢰한이 보더라도 우리 집터는 정말 좋은 것 같았다. 집 뒤 양산자락에 초·중학교가 자리 잡고 있다. 우측에는 운암면사무소가 있고 대문 앞으로 큰길이 나있다. 길 건너는 농경지고 옥녀동천의 맑은 내가 흐른다. 마루에서 바라보면 운암면 입석리 국사봉과 완주군 구이면 오봉산으로 연결된 산줄기가 웅장하면서도 아름다운 산수화 병풍을 펼쳐 놓은 것 같다. 바로 앞에 야트막한 문필봉이 고봉밥 한 사발을 차려 놓은 듯 우리 집 정면에 자리 잡고 있다.

올봄에는 이런저런 일들로 고향집엘 자주 갔었다. 부모님이 안 계셔도 고향에는 어린 시절의 추억과 정든 집이 있어서 언제 가더라도 편하고 좋았다. 부모님이 돌아가신 뒤에도 고향에서 면장으로 정년퇴임한 둘째형이 집 관리를 잘해서 아무 때나 가도 콘도처럼 편리하게 생활할 수 있다. 도시에서 생활하다가 한적한 옛 고향집에서의 생활은 퍽 기분이 좋다.

우리 부부는 신혼생활 때 부모님을 모시고 살아서 고향집에 대한 애착이 더 크다. 아침이면 휘파람새와 참새들의 노랫소리를 들으며 잠에서 깨었다. 텃밭에 나가면 부지런하시던 어머니가 텃밭 한쪽에서 일을 하고 계실 것 같은 착각이 들기도 했다. 텃밭에 심어놓은 시금치와 고추, 오이, 가지, 부추, 상추, 아욱, 파 등의 채소에 물을 주며 그 크는 모습을 보는 재미도 쏠쏠했다. 뒷동산에는 호박도 몇 구덩이 심었다. 둘째형과 함께 선산자락에 매실나무와 벚꽃나무도 심었다.

밤이면 아내와 함께 마당에 나와 시원한 밤공기를 마시며 신혼시절에 부모님을 모시고 살면서 첫아들 석용이를 낳아 기르며 농사를 짓고 살던 옛 이야기로 시간 가는 줄 몰랐다. 낮에는 산골짜기를 찾아다니며 고사리도 끊고 취나물도 뜯었다. 때로는 동네사람들과 소주잔을 기울이며 옛 추억을 회상하기도 하고, 고향의 앞날을 걱정하기도 했다.

섬진댐 재개발사업으로 인하여 부모님의 체취와 형제들의 웃음소리가 밴 정든 집을 철거당해야하는 억울하고 허탈한 심정은 다른 사람들은 모를 것이다. 동네사람들 모두 나와 똑같은 심정이어서 마음이 통했다. 현재 사는 고향집이 철거되고 새로 조성된 이주단지에 다시 집을 짓는다 해도 고향에 대한 감정이나 고향집에 대한 애정은 많이 달라질 것 같다. 그래도 우리 형제들은 이주단지에 집을 짓기로 뜻을 모았다.

누군가는 지켜야 할 텐데

누군가는 지켜야 할 텐데, 주인이 있어야 할 텐데, 자연의 이치는 우리 인간들의 삶의 거울이다. 옛날 속담에 "굽은 나무가 선산 지킨다는 말이 있다." 그런데 요즘은 굽은 나무도 선산을 안 지킨단다. 옛날에는 반듯하게 자란 나무만 목재로서 가치가 있어 팔려나가고 구부러지고 못생긴 나무는 팔리지 않았다. 팔리지 않은 나무는 어쩔 수 없이 산에 남아서 선산을 지켰다. 요즘은 구부러지거나 비틀어지고 기형적으로 생긴 나무가 조경수로 비싼 값에 잘 팔려나가 굽은 나무가 선산을 지키기가 오히려 어렵게 되었단다. 세상의 이치는 참 묘하다.

우리 가정도 옛날에는 많이 배우고 출세한 아들은 서울이나 도회지로 직장 따라 떠나고 못 배우고 못난 자식(나무로 치자면 굽은 나무) 이 고향에 남아 선영 봉사하고 노부모 봉양하면서 고향과 선산을 지키는 게 다반사였다. 그런데 우리사회가 산업화사회로 빠르게 변화하면서 지금은 못 배우고 못난 자식이건 많이 배우고 잘난 자식이건 할 것 없이 일자리 찾아 고향과 부모님 곁을 떠나 고향에는 늙고 병든 노인들만 살고 있어 부모님이나 고향과 선산을 지킬 사람이 없단다.

나는 간혹 엉뚱하게 고향무정을 부른 가수 오기택씨를 원망한다. 오기택 가수가 부른 고향무정 이란 노래가사 끝부분에 "산골짝에 물이마르고 기름진 문전옥답 잡초에 묻혀있네" 라고 되어있다. 이 노래가 유행된 뒤부터 농촌이 빠르게 피폐해진 기분이다. 말이 씨가 된다고 한다. 노래도 희망적인 노래를 불러야한다. 오기택 가수는 지금부터라도 노래 제목도 고향유정 으로 바꾸고 산골짝엔 소떼 노닐고 기름진 문전옥답 풍년가 한창 일세. 이렇게 바꿔 불러 주었으면 한다. 사실은 우리 고향 농촌의 산골짝에 물 마르지 않고 소떼들이 뛰놀고 문전옥답도 잡초에 묻혀 있지 않다.

TV에서 방영되는 사극을 보노라면 옛날 선비들은 벼슬하다 그만두면 고향으로 내려가 후학들 양성하고 고향을 지키며 사는 모습을 많이 보는데 요즘은 그런 아름다운 모습을 보기가 쉽지 않다. 그런데 충격적이고 상큼한 오늘날 보기 어려운 일이 벌어졌다. 굽은 나무도 지키지 않는 선산과 농촌을 노무현 대통령께서 지키려고 임기를 마치시고 고향인 경상남도 김해시 진영읍 본산리 봉하마을로 귀향 하셨다. 나는 이 아름다운 모습을 보고 싶어 2008년

4월 26일 우리 전북 행촌 수필문학회 문우들과 함께 그곳을 찾았다. 그곳엔 순수한 우리 국민들이 마음에서 우러나 자발적으로 설치한 대통령의 귀향을 환영하는 현수막과 전국각지에서 몰려든 관광버스와 승용차 그리고 수많은 인파가 장사진을 이루고 있었다. 나는 그곳에 전국에서 노무현 대통령의 멋진 모습을 보기위해 몰려든 많은 차량과 인파를 보고 2002년 월드컵 때 우리선수들에게 뜨거운 응원을 했던 국민들의 멋스러움과 의리를 재삼 확인하면서 큰 기쁨을 맛봤다. 우리 국민들은 잘하는 사람에게는 누구나 박수와 성원을 보내는 순수하고 멋진 구석이 있다. 어느 누가 대통령의 귀향을 환영하고 격려하자고 한 적이 있는가? 그곳에 오신 분들은 순수한 마음으로 스스로 찾아온 멋진 우리 국민들이 아닌가?

대통령님 나와 주세요! 하는 함성과 함께 노무현 대통령께서 카우보이모자를 쓰고 점퍼차림으로 해맑게 웃고 나오시는 모습을 보고 그 자리에 참석한 사람들 모두는 반가움 그 자체였다. 대통령께서는 나오셔서 정겨운 이웃사람 대하듯 어디에서 오셨느냐고 묻기도 하고 참석자들은 권양숙 여사의 안부를 묻기도 하는 모습은 시골 장터에서 오랜만에 만난 친구나 이웃집 아서씨와 대화하는 풍경과도 같았다. 평일에는 3,000여명 주말이나 휴일에는 5-6,000여명이 찾아오고 고향에 내려 온지 두 달 정도인데 그간 30만 명이 넘게 다녀갔다는데 마이크나 연단도 없었다. 육성으로 한동네 친구와 이야기하듯 대화를 주고받고 하니까 더더욱 정겹게 느껴졌다. 참석자들 모두가 즐거워하고 만족한 표정이었다. 나 역시도 만족을 넘어 가슴이 뭉클했다.

대통령과의 대화를 마치고 대통령 생가주변을 둘러보면서 이구동성으로 그간 잘못된 언론 보도에 모두들 한마디씩 했다. 전임 대통령 사저라기엔 다소 초라한 모습이어서 가슴한쪽이 허전한 게 나의 솔직한 심정인데 그간 못된 언론에서는 수백억을 들여 아방궁을 건설한 것처럼 보도를 해왔으니 그릇된 언론이 우리의 민주주의를 위협하는 것 같은 마음을 져버릴 수 없었다. 봉화산엘 올라가 봤다. 지리 풍수가들은 여러 말이 많지만 나는 어린 시절 뛰놀기 좋았을 것 같고 지금은 산책하기에 알맞은 산이라 생각되어 정상에서 담배 한 대를 피워 물고 잠시 나의 어린 시절을 회상해 봤다. 노무현 대통령께서도 아마 어린 시절 봉화산에 곤충채집과 식물채집 여름방학 숙제를 위해서 검정고무신에 삼베바지를 입고 이 산을 오르내렸을 것을 상상해보니 봉화산의 나무 한그루 풀 한포기 돌 맹이 하나하나 모두가 소중하고 정겹게 느껴졌다.

노무현 대통령과 나는 유사한 점이 더러 있다. 우선 고향이 농촌마을이고 나이도 나보다 한 살 많으니까 엇비슷하고 군대생활도 사병으로 하면서 병장 진급도 못하고 상병으로 제대해서인지 퍽 친근하게 느껴진다. 등대를 지키면 등대지기요, 산을 지키면 산지기라 한다. 노무현 대통령께서는 굽은 나무도 지키지 않고 잘난 아들이나 못난 아들이나 누구하나 지키려하지 않는 고향과 농촌을 지키려는 산지기, 고향지기, 농촌지기, 환경지기로 나선 것이다. 정말 장한 일이라 생각 된다.그래서 국민들 모두가 찬사와 더불어 박수를 보내지 않는가.

이제는 걱정 안 해도 될성부르다. 그간 농촌과 고향 그리고 선산을 지키려는 사람이 없어 걱정 이었는데 노무현 전직 대통령께서 지키려고 나섰다. 노무현 대통령의 아름다운 모습을 보고 우리 국민들 누구라도 때가 되면 고향과 농촌을 다시 찾을 것이다. 그래서 농촌이 옛 모습은 아니어도 누군가는 지켜 산골짝엔 소떼가 뛰놀고 시내에는 송사리들이 출렁이고 기름진 문전옥답에는 풍년가가 울려 퍼지는 농촌의 옛 모습을 되찾을 것 같다.

(2008. 4.)

농민들의 한숨소리

화산공원 운동기구에서 거꾸로 누워서 본 하늘은 구름 한 점 없이 높고 푸르렀다. 툭하고 도토리 떨어지는 소리가 들렸다. 도토리는 익어서 떨어지는데 그 나뭇잎은 아직도 푸른 옷을 벗지 않은 것 같다. 하지만 변화하는 계절을 이겨낼 수 없는 모양이다. 겉모양은 푸른 것처럼 보이지만 자세히 살펴보니 나뭇잎이 생기를 잃었다. 60을 넘긴 내 모습과 비슷하다고 생각되어 연민의 정이 느껴졌다. 요즘 계절과 도토리나무와 내가 또래 같다는 생각이 들었다. 가을이 성큼 다가온 것 같다. 황금물결이 일렁이는 농촌의 풍경이 그립다.

농촌에서 태어나 어린 시절부터 농사를 짓고 살아서인지 농사를 벗어난 지 40여년이 지났는데도 농사를 짓고 사는 고향사람들의 생활이 잊혀 지지 않는다. 나이가 들수록 고향이 그리워지는 건 아마 자연의 순리인 것 같다. 가을하면 가장먼저 연상되는 것은 황금물결로 일렁이는 벌판과 풍년의 기쁨에 즐거워하는 농부들의 활짝 웃는 모습이다. 비록 햇볕에 그을리고 주름진 얼굴일망정 풍년을 맞아 볏단을 보듬고 활짝 웃는 농부들의 모습은 가슴 뭉클한 장면이다. 그런데 황금물결로 일렁이는 풍년농사를 바라보는 농부들의 마음이 숯검정처럼 새까맣게 타들어 간다는 말을 들으니 절로 한숨이 나왔다.

쌀값이 생산비에도 못 미칠 뿐만 아니라 작년에 생산된 쌀도 다 소비를 못한 터에 또 풍년이 들었으니 남아도는 쌀을 어찌 해야 할지 막막하다고 걱정이다. 옛날에는 쌀이면 다 통했다. 쌀은 밥을 해먹는 주식으로 서의 역할도 중요했지만 잔치를 할 때는 떡, 술, 과자, 엿, 식혜를 만들기도 했다. 웬만큼 아픈 사람은 쌀죽 한 그릇 먹으면 다 나았다. 내가 군대생활 할 때는 발목을 삔 전우에게도 쌀죽을 끓여 주었다. 논이나 밭 또는 집을 산다거나 큰 물건 값을 치를 때는 물론, 일군들 새경이나 하숙비도 돈보다 쌀로 셈을 했다. 이렇듯 우리들의 삶에 쌀은 절대적인 존재였다.

우리나라가 식량이 부족할 때 정부에서는 농민들에게 하곡이나 추곡수매에 협조하도록 했었다. 식량의 안정적인 수급조절도 중요하고 군량미 확보에도 목적이 있었다. 경지면적을 기준으로 시·도, 시·군, 읍·면, 마을, 농가별로 목표량을 달성 하도록 최선을 다했다. 수매실적이 저조한 지역은 심한 경우 읍·면장을 직위해

제 하기도 했다. 그러니 수매 목표량을 달성 하려고 일선 공직자들은 수단 방법을 가리지 않았다. 그러나 정부에서는 수매가를 농민들이 바라는 만큼 주지 않고 공직자들을 동원하여 반 강제적으로 농민들이 수매를 하도록 압박했다.

농민들은 정부 수매를 하면 뻔히 손해 보는 줄 알면서도 담당공무원들의 체면이나 강압적인 행정력 앞에 어쩔 수없이 울며 겨자먹기 식으로 정부 수매에 응했다. 수매를 하고난 농민들은 수매가 끝나면 허탈한 마음을 막걸리로 달래곤 했었다. 마음이 답답하고 울적하기는 말단 읍 · 면에서 근무하는 공무원들도 마찬가지였다. 수매목표량 달성을 위해 읍 · 면 직원들도 한 · 두 달 월급은 털어 넣어야 했었다. 정부수매만 끝나면 영락없이 쌀이나 보리 값은 천정부지로 뛰었다. 이런 상황은 연례적이었다. 그러니 농사를 짓는 농민들이 수매를 독려했던 정부나 공직자들을 어떻게 생각했을까?

정부는 식량자급을 위해 품종개량과 농사기술을 보급하고 농민들은 여기에 적극 협력하여 식량자급을 이루었다. 식량 자급자족은 쾌거가 아닐 수 없었다. 보릿고개를 아는 사람들은 식량 자급자족이 얼마나 중요한 일인지를 잘 알 것이다. 식량 자급자족으로 정부는 한시름 놓게 되었지만 농민들은 오히려 쌀의 위상이 떨어져 살기가 더 어렵게 되었다. 식생활 습관도 많이 달라졌다. 옛날에는 '밥이 보약이다.' "밥 힘으로 산다."는 속담이 있을 정도로 먹는 것을 밥에 의존했었다. 그런데 요즘은 먹을거리가 다양해 쌀 소비가 날로 줄어들어 쌀의 위상이 그 빛을 잃었다. 또한 우리나라

쌀값이 국제 쌀값보다 비싸다. 그러니 쌀을 수입하여 쌀이 남아돌아 쌀값 폭락으로 생산비에도 못 미친다니 걱정이 아닐 수 없다.

농민들이 쌀값을 보장해 달라고 정부에 사정을 하고 있다. 하지만 매년 정부에 사정을 해도 정부의 미온적인 대응에 농민들이 화가 났다. 지방자치단체 청사나 농협 광장에 볏단을 야적하면서 시위를 하고, 단식투쟁도 한다. 그러나 정부에서 농민들의 마음을 진정 시킬만한 대안 마련에 인색한듯하여 아쉽다. 농민들은 나라가 어려울 때 희생을 감수하면서 정부의 수매에 협조했었다. 또한 식량 자급자족을 위한 식량증산 노력도 열심히 했다. 농민들은 정부를 믿고 정부시책에 항상 순응하면서 살았다. 이렇게 힘없고 순진하고 정부를 신뢰 하면서 살아온 농민들을 정부가 나 몰라라 한다면 말이 되겠는가? 이제는 정부가 농민들에게 보상을 해줘야 할 때다.

우리는 이렇게 쌀이 남아돌아 걱정인데 북한은물론 가난한 나라에서는 우리의 옛날 보릿고개처럼 식량이 부족하여 굶어죽는 사람들이 속출하고 있다고 한다. 정부는 농민들의 요구를 받아들여 남아도는 벼를 전량 수매해서 북녘 동포들에게 인도적 차원의 식량지원을 해 주어야 할 것이다. 또 식량부족으로 굶어주는 나라에 원조도 해주었으면 한다. 식량지원을 할 때는 옥수수를 사다주는 것 보다 우리 쌀을 보내주면 효과적일 것이다. 정부에서 농민들의 요구를 수용하여 풍년이 들었어도 새까맣게 타들어가는 농민들의 마음을 어루만져 주어, 농민들의 한숨소리가 풍년가 소리로 바뀌었으면 좋겠다. (2009. 10.)

국사봉과 옥정호

형제들과 함께 단풍이 곱게 물들기 시작한 10월 중순 주말 우리 고향의 명산 국사봉에 올랐다. 국사봉은 전국 각지에서 온 등산객들과 사진작가들로 붐볐다. 국사봉은 노령산맥의 지맥으로 전라북도 임실군 운암면 입석리에 있는 작지만 아름답고 신명스런 산이다.

국사봉 아래 잿말靈村에서 진사가 열두 명이나 배출되었다 하여 유명하다. 국사봉에는 전해 내려오는 전설도 많다. 막동이라는 장군의 사랑채에 관한 전설과, 장군 애마의 말굽이 지금도 선명하게 남아있는데, 인근에 깃대봉, 나팔봉, 북퉁날 등이 전설을 뒷받침 해주고 있다. 칡으로 기둥을 세워 지었다는 갈홍사 터도 있고, 유명한 도사가 암자를 지었는데 빈대가 너무 많아 폐허가 되었다는 암자

터와 정남사, 강당골 등의 전설이 구전되어 더욱 친근한 산이다.

초등학교시절에는 자주 소풍을 갔었고, 지금도 고향에 가면 간혹 오르는 산이다. 완주군 구이면 오봉산과 연결되어 등산하기에도 좋은 산이지만 옥정호 순환도로의 아름다움과 붕어섬의 물안개와 잘 어우러져 요즘엔 사진작가들에게 널리 알려진 유명한 산이 되었다. 계절에 관계없이 어느 때나 올라가 봐도 국사봉에서 내려다 본 옥정호의 절경은 감탄사를 연발케 한다. 임실군청에서 많은 관심을 갖고 안내판과 이정표를 설치해서 처음 찾는 사람들도 불편함이 없다.

동생들이 가져온 좋은 술과 음식을 먹으며 옛날의 추억에 젖어 들었다. 1965년 섬진댐을 막기 전 우리 고향은 살기 좋은 곳이었다. 강줄기를 따라 동네가 형성되어 동네 뒤에는 산들이 병풍처럼 둘러쳐져있고, 앞에는 강물이 흐르며, 강 주변 전답은 수리 안전답으로 넓고 비옥했다. 들판 군데군데의 물레방아는 우리 고향의 풍요로움을 대변해주는 듯했다. 강물에는 물고기들도 많았다. 물고기가 오죽 많았으면 고기 반 물 반이라 했을까. 전답이 비옥하여 먹을거리가 풍족하고 마을 뒷산에는 땔 나무와 산나물이 많으니 등 따습고 배부른지라 인심 또한 넉넉하였다.

등산객들과 사진작가들은 붕어섬과 어우러진 옥정호를 바라보며 감탄사를 연발했다. 등산객들의 감탄사를 한 쪽 귀로 들으며 국사봉에서 내려다 본 고향의 풍경은 허무했다. 옥정호가 미처 삼키지 못한 전답이 갈치꼬리처럼 가느다랗게 남아있기는 하지만 들판에는 사람들이 보이질 않았다.

우리 고향 사람들의 애환을 모르는 등산객들은 감탄사를 연발하며 즐거워한다. 하지만 국사봉은 그런 사정을 다 알면서도 아무 말이 없다. 국사봉은 옥정호를 항상 내려다보고 있어 옥정호와 우리 고향사람들과 얽히고설킨 애환을 다 알면서 모른 척해도 우리들은 국사봉을 야속하게 생각하지 않는다. 그러나 옥정호는 다르다. 옥정호는 국가적으로는 전력생산과 농업용수공급으로 크게 기여했지만, 우리 고향의 넓고 기름진 문전옥답을 다 삼켜버렸다. 문전옥답뿐이 아니니다. 억울하게 앗아간 생명들도 많다. 갑자기 물이 차올라 길이 막혀 겨울엔 얼음 위를 걷는 사람들의 생명을 앗아가기도 했고, 허술하게 배를 만들어 타고 다닌 사람들의 생명을 앗아가기도 했다. 이웃끼리 5일장에 다녀오다 변을 당해 제삿날이 같은 집들도 있다.

지금은 상수원 보호구역으로 지정되어 생활에 불편을 주고 있다. 이런저런 사연으로 옥정호는 우리 고향사람들의 한숨과 피눈물이 고여 있는 한 맺힌 호수다. 우리 형제들은 이제 옥정호가 우리 고향사람들의 애환을 달래줄지도 모르겠다는 생각을 했다. 옥정호는 깨끗한 물로 물안개를 더욱 아름답게 피워 올리고, 국사봉이 그간의 전설을 꽃피워 세계적인 관광명소가 되면 우리 고향사람들의 가슴에 맺힌 응어리가 다소는 풀어질 수도 있지 않을까 싶다.

감나무 산에서

상강이 지나 아침저녁으로 바람이 쌀쌀해지는걸 보니 감을 딸 때가 된 것 같다. 빨갛게 주렁주렁 열린 감나무는 풍요롭고 아름답게 장식해주는 대표적인 농촌의 가을 풍경이다. 모든 나무들은 우리들의 삶에 도움을 주지만 특히 감나무는 열매는 물론 어느 것 하나 버릴게 없다. 나무는 고급가구를 만드는 목재로 쓰일 뿐만 아니라 잎은 차를 다려 먹기도 한다. 감꼭지는 딸꾹질이 날 때에 달여 먹으면 즉효다. 아무리 딸꾹질이 심해도 감꼭지 열서너 개를 물 두어 컵 정도 넣고 달여 두어 번 먹으면 그냥 그친다. 이렇게 감나무의 용도가 다양해서 옛날 어른들은 감나무의 쓰임새를 오상五常이라는 비유로 극찬했나보다. 감나무의 잎이 넓으니 입에 글을 쓸 수도 있다하여 문文이라 했고, 화살촉으로 쓸 수도 있을 만큼 단단하니 무武가되고, 열매의 안 팍 빛이 한결같으니 충忠이고, 이가 빠진 노인네도 쉽게 먹을 수 있으니 효孝라고 했으며, 사람이 따지 않으면 가을이 지나도 떨어지지 않고 매달려있으니 절節이라하고 했다한다.

우리 집 감나무 산은 두 곳에 있다. 옛날에는 감나무 산이 상당한 수입원이 되었다. 감나무 산에는 대추나무와 닥나무도 많이 있었고 평평한 곳은 밭작물도 재배했었다. 감을 팔아 라디오를 사기도 했다. 우리들이 어린 시절에는 감이 큰 먹을거리였다. 곶감이나 홍시는 물론 추석이나 운동회 때면 우려먹기도 하고, 반찬도 만들어 먹었다. 긴긴 겨울밤이면 식구들이 화롯가에 앉아 홍시를 먹으며 이야기꽃을 피웠다. 감이 꽁꽁 얼었을 땐 찬물에 담가야 얼음이 빠져나온다. 언 감을 따뜻한 물에 담구면 얼음이 잘 빠지질 않을뿐더러 맛도 떨어진다.

농촌에 일손이 부족하고 닥나무도 수요가 별로 없고 감도 가격이 떨어져 딴 인건비도 안 나온다. 그러니 감나무 산은 자연스레 발길이 끊겼다. 감나무 산을 가본지는 20여년이나 되어 기억이 아물거린다. 아내는 시집오던 해 감을 딸 때 감 따는 일군들의 점심을 머리에 이고 산에 오르던 추억이 간혹 떠오른다며 가을이면 감나무 산엘 가자고 졸랐다. 그때마다 바쁘다는 핑계로 가을을 넘기곤 했다. 나도 가끔은 가보고 싶은 생각이 있었다. 내가 어릴 적 살던 마을 뒤 골짜기에 있는 감나무산은 마을에서 그리 멀지는 않았다.

감나무 산에 가려고 고향마을 뒤 골짜기에 들어서니 마을에서 그리 멀지도 않은데 경작을 하지 않아 묵은 전답들이 많았다. 산업화의 물결에 소외된 농촌의 현실을 실감 할 수 있었다. 마을 뒤에서 감나무 산을 바라보니 감이 주렁주렁 달려있어서 퍽 보기 좋았다. 우리 감나무산도 20여년이나 사람들의 발길이 끊겨 길이 없어졌다. 길에는 잡목들과 가시넝쿨이 우거져 옛날의 길을 분간하기 어려웠다. 낫으로 가시넝쿨을 베어가면서 가까스로 감나무 산에 다다를 수 있었다. 가까이에 가보니 먼 곳에서 바라본 것과는 달랐다. 30여주가 넘는 감나무가 있었는데 다섯 주밖에 없었다. 주인의 손길이 닿지 않은 틈에 이름 모를 사람들이 가을이면 감나무를 베어서 감을 따간 모양이었다. 높은 곳에는 감이 주렁주렁 많이 열려있으나 도저히 딸 수가 없었다. 어쩔 수 없이 빈손으로 발길을 돌리자니 퍽 아쉬웠다. 산새나 짐승들의 좋은 먹이가 될 것이란 생각이 허전한 마음에 다소 위안이 되었다.

감나무 주변을 둘러보면서 이런저런 생각이 많이 났다. 산업화의 열풍으로 직장 따라 도회지로 너도 나도 떠나버린 농촌의 살풍경을, 굽은 나무가 선산 지키듯 농촌을 지키는 노인들 마냥, 묵묵히 고향을 지켜주는 감나무가 퍽 고마웠다. 미안한 생각도 들었다. 살림살이에 도움이 되지 않는다고 오랜 세월동안 거들떠보지도 않았으니 감나무가 퍽 서운해 했을 것이다. 사람들도 감나무처럼 가정에서나 사회에서 쓸모가 없어지면 사람들의 발길이나 마음길이 끊길 것이다. 부질없는 생각일지라도 나이 들어 늙어도 사람들의 발길이나 마음길이 끊기지 않는 항상 외롭지 않은 사람으로 살아 가고 싶다.

(2010. 가을을 보내며)

배추의 넋

요즘 농촌의 들녘을 지나다 보면 가슴 아픈 풍경이 눈에 띈다. 속이 꽉 찬 배추들이 눈비를 맞아 꽁꽁 얼어 죽은 모습이다. 그 처참한 배추들의 모습이 처량하기 그지없다. 고향 집엘 가다 밭에서 선채로 얼어 죽은 배추들의 모습을 바라보며 아내는 퍽 가슴 아파했다. 결혼해서 부모님을 모시고 농사를 지으며 살아서인지 아내는 농사일에 관심이 많다. 죽은 배추의 넋이 있다면 진혼제라도 지내줘야 한다는 아내의 말에 나도 고개를 끄덕였다. 농작물은 주인의 발자국 소리를 듣고 자란다고 한다. 그만큼 농작물은 주인의 사랑과 관심 속에서 자란다는 뜻이다. 농부들은 농사를 지으며 자식을 키우듯 정성을 다한다. 그래서 마른논에 물들어 가는 소리와 배고픈 아기가 엄마 젖 먹는 소리를 세상에서 가장 듣기 좋은 소리라 했다.

농부들은 새참을 먹으며 지나가는 사람이나 멀리 떨어져 있는 사람들까지도 불러 술과 밥을 함께 나누어 먹는다. 그러나 농작물 한 포기라도 상하게 하면 크게 마음 아파한다. 어린 시절 소에 풀을 뜯기다가 한 눈을 팔아 나락 몇 포기를 소가 뜯어 먹자 이웃집 아저씨가 크게 속상해 했다. 그때는 그 어른의 마음을 헤아리지 못했다 그까짓 나락 한두 포기에서 쌀이 나오면 얼마나 나온다고 저러는가 싶었다. 그러나 그 뒤 내가 농사를 지으며 그 어른의 마음을 이해할 수 있었다. 자식이나 손자도 키워봐야 귀엽고 소중함을 알 수 있듯이, 농사도 지어봐야 농부들의 깊은 마음을 이해할 수 있었다. 농작물은 가격을 헤아리기 전에 가꾸면서 어린 자식을 키우듯 정성을 다하여 키운 정이 있기 때문이다.

농사짓는 사람들은 농사를 지으며 시세나 판로를 걱정하기에 앞서 풍년을 기원한다. 작물이 무럭무럭 잘 자라는 모습을 바라보며 행복해 한다. 자식을 키우는 부모의 마음과 같다. 자식을 키우는 부모도 자식이 공부를 잘하고 못하고, 출세하고 못하고를 바라기보다 건강하고 바르게 자라기를 바란다. 작년 배추농사도 그렇다. 김장배추를 어린 자식 키우듯이 애지중지 키워 배추농사가 잘되어 농부들은 기쁨을 감추지 못했다. 그러나 수요보다 공급이 넘치고 판로가 막혀 출하도 못해보고 배추가 논밭에서 그대로 눈비를 맞으며 얼어 죽은 것이다. 얼어 죽은 배추들의 모습을 바라보는 농부들의 심정은 어땠을까? 아마 자식을 키워 시집 장가도 못 보내고 몹쓸 병에 걸려 죽어가는 자식을 바라보는 부모의 마음과 같았을 것이다.

이런 농민들의 허허한 마음을 다독여 주어야할 정부는 오히려 시커멓게 타버린 농민들의 가슴에 재를 뿌리는 것 같다. 중국과도 ＦＴＡ(자유무역협정)를 추진한다는 뉴스를 들으며 농민들은 망연자실할 뿐이다. 그간 농촌의 소득향상에 큰 몫을 차지했던 축산도 무너지고 있다. 한미 ＦＴＡ 여파로 한우가격이 폭락하고 송아지 값이 개 값이라는 말이 나도는 걸 보면 알만하다. 이래저래 농가들의 시름이 깊어가고 있다. 농촌소득의 많은 부분을 축산이 차지했었는데 축산 농가마저 무너지고 있으니 농촌의 현실이 실로 막막하다. 한중 ＦＴＡ가 체결되면 전자, 자동차, 휴대폰 등 대기업의 생산품은 교역량이 크게 늘어 나라경제에는 유리할지도 모른다. 그러나 농업 부문과 중소기업은 물론 청년들의 일자리가 크게 위협 받을 거라고 우려하는 여론이 높다. 그중에서도 특히 농업부문을 걱정하는 사람들이 많다. 농촌문제의 어려움을 정부만 탓해서도 안 될 것 같다. 우리 국민들 80% 이상이 농민들의 후손이라고 한다. 국민 모두가 농촌문제에 관심을 갖고 지혜를 모아 농촌에 새바람을 불어 넣어 농민들의 시린 가슴을 훈훈하게 녹여주었으면 좋겠다.

(2012. 1. 12.)

섬진댐 수몰민들의 애환

"또 이사를 가야한다네. 여기서 그럭저럭 살다 죽으려 했는데…… 뜻대로 안되는구먼." 얼굴에 깊숙이 파인 주름만큼이나 깊은 한숨을 몰아쉰다. 이런 섬진댐 수몰민들의 속사정을 아는 사람들이 별로 많지 않다. 요즘 운암면 소재지에 살고 있는 주민들을 만나고 나면 마음이 착잡해진다. 친구들은 나를 수몰민이라고 곧잘 놀려댄다. 하도 놀림을 받다보니 지금은 감각이 많이 둔해졌지만 옛날에는 은근이 창피하기도 하고 화도 났었다. 정부의 경제개발정책이라는 미명아래 희생양이 된 힘없는 섬진댐 수몰민들의 억울함과 애환은 당사자들이 아니면 결코 이해하기가 쉽지 않다.

섬진댐은 일제 강점기 때인 1926년 축조된 댐으로 남한에서는 최초로 전력과 농업용수를 확보하기위해 건설한 다목적댐이다. 일제는 2차로 댐을 확장하려고 1930년 강제로 용지를 헐값에 매수하고 공사를 진행하다가 패망하여 공사가 중단되었다. 그 뒤 5·16 정부에서 댐 공사를 추진하면서 일제 강점기에 댐을 막기 위해 사들였다하여 충분한 보상도 하지 않고 이주대책도 없이 댐을 준공했다. 그때만 해도 정부의 기술력도 부족하고 댐 공사를 서두르다 보니 배수갑문을 설치하지 않고 댐을 막았다. 1965년 댐이 완성되고 장마가 시작되자 배수문이 없으니 수위가 올라가도 물을 방류시킬 방법이 없었다. 사람들이 살고 있는데 댐의 물이 점점 차오르기 시작했다. 장마철이라 비가내리는 대로 물이 차올랐다. 주민들은 가옥철거는 물론 가재도구도 변변히 챙기지 못했다. 가재도구중 중요한 것만 대충 챙겨 차오르는 물에 쫓겨 마을 뒷산으로 한걸음 한걸음 물러설 수밖에 없었다. 산등성이 이곳저곳에 옹기종기 모여 앉아 조상 대대로 살아오던 정든 집과 문전옥답이 물에 수장되는 모습을 바라보았다. 수몰민들은 눈이 충혈 되어 제정신이 아니었다. 관공서도 철거하지 못한 상태였다. 초등학교도 철거도 못하고 신축도 못해 마을 보성이나 성자나무 그늘에서 수업을 했다.

그래도 하소연 한 번도 못했다. 댐 공사도 국토건설단원들이 동원되어 하다 보니 공사현장 감독들도 군인들이 하면서 총을 메고 한다고 했다. 사회적 분위기가 일반국민들을 주눅 들게 하여 말 한마디 못하고 가슴에 한을 품을 수밖에 없었다. 물에 쫓겨 마을 뒷산에 옹기종기 모여 있는 수몰민들은 천막하나도 준비되지 않은 상태였다. 정부는 군부대를 동원하여 군대야전 천막을 치고 임시 수용소를 운영하였다. 물에 쫓겨 가재도구도 제대로 챙기지 못한 수몰민들의 수용소에서의 생활하는 모습은 비참하기 짝이 없었다.

2000여 세대의 수몰민중 100여 세대는 현재의 운암소재지에, 그리고 몇 년이 지난 뒤 300여 세대는 계화도로 이주하고 나머지는 전국 방방곡곡으로 흩어져 고향을 등지고 살고 있다. 운암면 소재지는 1965년 댐이 준공되던 그해 정부에서 면소재지로 지정하여 수몰민들의 주거지로 조성된 곳이다. 그런데 1969년 여름에 큰비가 내리자 운암면 소재지 집들이 물에 잠겼다. 측량을 잘못한 것이다. 조상대대로 살던 집을 수장시키고 정부에서 지정해준 곳에 어렵게 지은 집이 다시 물에 잠기니 주민들은 망연자실했다. 그 뒤 정부에서는 측량착오로 빚어진 실책을 인정하고 댐의 정상수위는 196.5m 인데 5m 낮추어 191,5m까지만 물을 채워 운영해왔다.

그러나 언젠가는 댐을 정상화할 목적으로 주택의 신축은 물론 증개축도 못하도록 엄격하게 규제했다. 30여 년간 증개축을 못하고 살아온 집들의 모습은 너무도 초라하게 낡았다. 살면서 느낀 불편도 여간이 아니었다. 그런데 이번 댐을 정상화 한다면서 보상기준을 감정가격으로만 정했다. 공직자들이야 현행 규정으로는 당연하고 정당한 행정행위라고 주장 할 것이다. 그러나 30여 년간 증개축을 못하게 규제하여 불편을 격고 살아온 수몰민들에게는 너무도 어처구니없는 처사다.

가구당 보상금이 겨우 2~4000만원이라 한다. 댐 수위를 5미터 낮추어 운영할 때는 수몰 선내 토지를 경작하면서 근근이 연명하고 살았다. 그런데 댐을 정상화 하면, 그간 농사짓던 땅이 모두 수몰되어 생계대책도 없다. 이주단지가 조성되지만 정작 수몰민들은 이주단지 입주는 물론 어느 곳으로도 이사를 하기가 어렵다. 이주를 하기에는 보상금이 턱없이 적기 때문이다. 가구당 받은 보상금이 이주단지 땅값밖에 안 되니 어떻게 이주단지로 옮기겠는가.

달리기 경주를 하다가 넘어져 부상을 당하면 아무리 발버둥을 쳐봐도 좋은 성적을 기대하기란 어렵다. 섬진 댐 수몰민들은 일제 강점기인 1926년 1차 댐을 막으면서부터 불행이 시작되었다. 아무리 잘 살려고 노력해도 허사였다. 나라의 경제개발이라는 큰 명제 아래 발목이 꽉 잡혔다. 달리기하다 넘어져 부상만 당한 꼴이 아니고 중상을 입은 선수의 처지만도 못하게 됐다. 그래서 섬진 댐 수몰민들은 가난과 불행을 대물림 하면서 가슴에 응어리를 안고 살아가고 있다. 정부가 가난하던 시절 경제 개발을 위해 희생시킨 임실군 운암면 수몰 피해민들의 억울함을 역지사지의 마음으로 재조명해야 할 것이나. 그리하여 섬진 댐 수몰민들의 애환을 따뜻하게 다독여 주었으면 하는 마음 간절하다.

(2011. 3.)

가축들의 비명소리

온 나라가 가축들의 비명소리로 가득하다. 가축들의 원망 섞인 울부짖음이 들려오는 듯하다. 구제역발생에 이어 설상가상으로 AI조류독감까지 발병하여 축산농가의 시름을 깊게 하고 있다. 구제역이 작년과 금년에만 발생했던 것은 아니다. 2000년 3월에도 경기도와 충청남북도 일원에서 산발적으로 발생했었고, 2002년에도 경기도와 충청북도 일원에서 산발적으로 발생했었다. 그러나 그때마다 능동적으로 대처하여 크게 확산되지는 않았다.

그러나 2010년 11월에 발생한 구제역은 초기대응을 잘못하여 2011년 1월 25일 현재 8개시도 63개 시 · 군으로 광범위하게 확산되었다고 한다. 살 처분하여 매몰된 가축 수는 소 14만 2천 901마리, 돼지 247만 6천 451마리, 염소 3천 961마리, 사슴 2천 240마리로 총 262만 5천 553마리나 된다니 놀라지 않을 수 없다. 이 많은 생명들이 억울하게 죽어가면서 얼마나 사람들을 원망했을까.

잘못되는 일에는 언제나 책임을 떠넘기려는 사태가 벌어지기 마련이다. 정부와 한나라당의 고위 당정협의회에서 구제역 확산의 책임이 축산농가에 있는 것처럼 대화가 오갔다니 한심한 일이다. 당정관계자들도 구제역 확산으로 대책을 세우느라 노심초사할 것이다. 그러나 애지중지 키워온 소나 돼지들을 생매장하는 축산농가의 애절한 마음을 조금이라도 생각했다면 그런 철없는 발언들은 하지 않았을 것이다. 추운 날씨에 구제역방역에 안간힘을 다하는 축산농가와 지방자치단체 공무원들의 모습은 보기가 민망할 정도로 고생을 많이 하고 있다.

가축을 키우는 사람들은 가축을 꼭 돈벌이수단으로만 생각하지 않는다. 한 가족처럼 생각 한다. 사람은 굶어도 가축은 굶기지 않는다. 소달구지에 짐을 싣고 고삐를 잡고 가면서도 가볍게라도 지게에 짐을 나누어 짊어지고 간다. 이렇듯 가족처럼 애지중지 기르던 가축을 방역요원들이 들이 닥쳐 살 처분한다고 하면 축산농가의 심정은 과연 어떻겠는가? 오늘 갓 난 송아지나 인신한 암소들을 살 처분할 때의 마음은 더욱 괴로웠을 것이다. 살 처분한 농가나 살 처분을 담당한 지방자치단체 공무원들은 생매장되는 가축들의 처참한 모습이 아른거려 정신적 충격으로 어려움을 당하고 있다고 한다. 어찌 그렇지 않겠는가?

우리소와 현 정부는 큰 악연이 있는 듯싶다. 집권 초기에는 광우

병 쇠고기 파동으로 촛불 시위가 번져 어려움을 겪더니, 요즘엔 구제역이 심각한 사회문제로 번져가고 있으니 말이다. 죽어가는 가축들이 한을 품었는지 올겨울 날씨도 유난히 춥다. 날씨가 너무 추워 노점상이나 재래시장 상인들의 한숨소리도 높다. 서민들의 생활필수품 물가는 천정부지로 오른다. 구제역을 방지하고자 설에 귀향을 자제하는 추세여서 농촌 재래시장의 경기는 맹추위만큼이나 얼어붙었다고 한다. 재래시장 상인들은 무척 어렵다, 아무리 어렵다 해도 이런 난리는 처음 당한다고 한다.

가뜩이나 농촌에는 노인들만 살고 있어서 겨울이면 더 추운데 금년 농촌의 설은 더욱더 썰렁한 설이 될 것 같다. 설을 앞두고 구제역 확산을 막지 못한 정부에 대한 국민들의 원성이 높다. 정부는 구제역에 대한 책임소재를 따지기 전에 구제역을 하루빨리 퇴치하고 재발 방지대책을 세워 축산농가와 국민들을 안심시켰으면 한다. 그리고 억울하게 한을 품고 죽어간 가축들의 원혼을 달래는 진혼제라도 지내 줬으면 좋겠다.

(2011. 1.)

2부

기나긴 세월

마지막 달 봉급봉투
머슴들에게 영혼을
함박눈을 바라보며
인사가 만사라는데
공무원의 꽃 사무관
기죽고 초라한 머슴들
다독다독
화난 머슴들
추석선물을 받고
훌륭한 자식 만들기

마지막 달 봉급봉투

나는 1973년 지방공무원 공개경쟁 채용시험에 합격하여 임실군 덕치면사무소에서 공직생활을 시작하였다. 그런 내가 공직생활의 마지막달인 2007년 12월을 보내면서 여러 가지 생각을 많이 했었다. 마지막달 봉급명세서를 받고나니 감회가 더욱 새롭고 지나온 34년이 주마등처럼 스쳤다. 꼼꼼한 아내가 그간 차곡차곡 모아놓은 봉급봉투와 명세서를 들추어 보노라니 적은 봉급으로 알뜰하게 살림을 꾸려온 아내가 새삼 고맙게 느껴져 아내의 주름진 얼굴을 슬쩍 쳐다보았다. 아내는 그런 줄도 모르고 손자 재현이의 재롱에 푹 빠져 있다. 사실 평소 말로 표현은 안했지만 마음속으로는 항상 적은 봉급이지만 불평한번 하지 않고 알뜰하게 살림을 꾸려온 아내가 항상 고맙고 마음 든든했다.

1973년 5급 을류 공무원(현재9급)의 봉급명세서 내용을 살펴보니 봉급 17.300원과 수당 7.000원을 포함해서 총 보수는 24.300원이었다. 그리고 공제내역은 소득세 651원과 기여금 1.000원 보험 980원 저금 800원 신문 대 480원 직장금고 출자 1.000원 등 공제액이 4.260원이니 수령액은 20.040원이었다. 그 시절에는 보너스 상여금 이런 단어들은 들어보지도 못했고 꿈도 꾸어보지 못했다. 여비는 물론 당직수당도 받아본 적이 없었다.

34년 전은 전체 국민들의 삶은 물론 나라형편도 퍽 어려운 시기였다. 따라서 공직자들의 보수도 적을 수밖에 없었지만 다른 국영기업이나 일반 회사에 비해서도 공직자들의 보수가 너무 적어 자존심이 상할 때도 많았다. 최근 들어 나라경제가 성장하면서 공직자들의 보수가 다소 현실화 되었다고는 하나 아직도 다른 직장에 비하여 처우가 열악함에도 우리 국민들이 공직자들을 보는 시각이 곱지 않아 항상 가슴이 아프다. 특히 정권이 바뀌거나 지방선거에서 당선된 단체장과 의원 당선인들의 행태는 겪어보지 않은 일반인들로서는 이해하기 어려운 일들이 많이 벌어진다.

언론에서는 공직자들을 마녀사냥 식으로 대안도 없는 비판만 하고 당선인이나 인수위 측에서는 공직자들을 마치 사냥터에서 잡은 노획물쯤으로 여기는 게 다반사다. 이명박 대통령 당선인의 대통령직 인수위원회가 오죽했으면 공직자들은 영혼이 없다고 했겠는가? 공직자들은 언제나 할 말도 못하고 산다. 아니 못 하는 게 아니라 할 수가 없다. 아예 혀에 대못 질을 하고 살아야 속이 편하다.

나는 이제라도 우리 후배 공직자들을 위해서 작은 목소리로라도 말하고 싶다. 흔히 공직자를 공복이라 말한다. 그럼 국민은 곧 공직자의 주인이 아닌가. 옛날에도 머슴한테 잘해야 주인집 살림살이가 늘어났다. 이제 나라경제가 우리나라 정도 성숙해졌으면 우리 국민들의 마음 씀씀이도 좀 넓은 아량을 가져야 할 때가 아닌가 싶다. 주인은 머슴이 일을 잘하도록 처우도 개선해주고 사기도 진작시켜 머슴이 긍지와 보람을 갖고 국가와 지역사회 발전에 매진하도록 했으면 좋겠다. 우리 국민들이 성숙하고 세련된 주인으로서 공직자들을 배려 해주었으면 하는 마음 간절하다.

나는 비록 보수가 적고 국민들이 알아주지 않아 힘들었다 해도 공직자로서의 삶을 결코 후회해본적은 없었다. 오히려 일이 힘들고 보수가 적어 살림이 어려웠던 시절이 더욱 아름다운 추억으로 떠오른다. 새마을 사업으로 꼬불꼬불하던 농로나 마을 진입로를 개설해서 지게 아니면 머리에 이어 나르고 걸어서 출장을 다니다가 리어카나 소달구지를 이용하여 짐을 운반하고 자전거로 출장을 다녔다. 특히 내가 맡았던 마을에 자동차가 처음 들어가던 날 주민들과 함께 얼마나 기뻐했는지 모른다.

줄모도 안 심으려고 하시던 어르신들을 설득하여 못줄을 잡아드리면서 줄모를 심게 했다. 새로운 벼 품종인 통일벼의 재배를 위해 비닐 못자리를 설치할 때 재래식 못자리를 고집하시던 영감님들을 설득하면서 사랑방에서 막걸리 잔을 기울이던 그 시절이 자주 그리워진다. 그리고 논과 밭두렁에 안 심으려는 논두렁콩을 심도록 장려하고 퇴비증산에 힘써 조금이라도 우리주민들이 잘살았으면 하는 일념에서 동분서주 하던 그 시절에 나는 긍지와 보람도 느꼈다. 그런 일들이 즐겁고 아름다운 추억으로 남아 있다.

2007년 12월 나의 마지막 (서기관) 보수명세서를 펼쳐본다. 본봉 3.178.400원 정근가산금 100.000원 가족수당 50.000원 관리업무수당 286.050원 가계지원비 530.790원 등 합계 4.175.240원이었다. 공제내역을 보니 건강보험료 147.230원 공제회비 200.000원 퇴직위로금 63.560원 상록회비 3.000원 소득세 267.760원주민세 26.770원으로 공제합계가 708.320원이니 실 수령액은 3.466.920원이었다. 정말 많이 향상 되었다. 처음 시작할 때와 현재를 단순비교 할 수는 없지만 사회 전반적으로 우리들의 생활이 많이 향상된 것은 부인 할 수없는 사실이다.

지난 34년을 돌이켜보니 정말 긴 긴 세월이었는데도 너무도 짧게 느껴진다. 우리 또래들은 대부분 결혼해서 자수성가한 세대들이다. 직장생활을 시작해서 적은 봉급이지만 아끼고 절약해서 푼푼이 모아 살림 한가지 한가지 씩 장만하면서 살아온 세대들이다. 직장생활을 시작하여 2년 만에 자전거를 사서 타고 다니면서 자전거를 아끼느라 냇물을 건널 때면 자전거를 어깨에 메고 건넜다. 출장지에서 돌아와서는 기름걸레로 깨끗이 닦아 이슬이 맞지 않도록 상전 모시듯 헛간에 보관했었다. 냉장고를 사서는 아내가 전기료를 아끼느라 겨울에는 가동을 중단하고 봄이 지나고 여름이 다 되어서야 냉장고를 가동하던 일들이 기억난다.

이런 일들은 비단 나뿐만 아니라 그 시절에는 대부분이 다 그리 했을 것이다. 처음 살림을 시작하면서부터 자기 집을 소유한 사람은 별로 없었다. 대부분 남의 집 셋방에서 신접살림을 시작했다. 나 또한 남의 아래채 방 한 칸에서 신접살림을 차려 셋방을 전전하다가 열 번의 이사 끝에 내 집을 장만했다. 내 집이라고 해야 20여 평 남짓한 연립주택이었지만 그래도 옛날 살던 생각을 하면 정말 행복하다는 생각을 했다. 나는 항상 내 스스로 내가 가난하다는 생각을 별로 해본 적이 없다. 박봉이지만 아내가 알뜰하게 살림을 꾸려준 덕택에 두 아들 대학까지 교육시켜 사회에서 제 몫을 다 하고 있고 우리부부도 크게 궁색스럽지 않게 살아왔다. 또 앞으로도 연금을 받으면 넉넉하지는 않지만 살아가는데 큰 어려움은 없을 거라 생각한다. 가난하다는 것은 사람마다 기준이 다르겠지만 바라는 것이 많은 사람은 항상 가난을 면치 못할 거라 생각을 한다.

이제 많건 적건 34년간 받아온 봉급봉투는 다시 받을 일이 없을 것이다. 지금까지 국민의 혈세에서 봉급을 받아 평생 잘살아온걸 감사하게 생각하고 앞으로 남은 삶은 돈이나 명예가 되는 일보다는 순수하게 가족과 일가친척 그리고 이웃과 지역사회에 다소라도 도움이 되는 일들을 하며 살고 싶다. 이러한 나의 작은 소망이 이루어지도록 스스로 더 많이 노력해야겠다.

(2007. 12.)

머슴들에게 영혼을

나는 어린 시절 부유하지는 않았지만, 우리 집에 머슴을 두었다. 그래서 머슴들과 잘 어울리며 살았다. 나는 기초자치단체에서 평생 머슴노릇을 하다가 퇴직했기 때문에 머슴들의 마음을 조금은 이해하는 편이다. 머슴들이 영혼 없이 긍지와 보람도 못 느끼고 그저 기계와 다를 바 없이 주어진 일만 하고 새경만 챙긴다면 그 집 살림이 잘될까? "우리 공무원들에게는 영혼도 없다." 이 말은 어느 중앙부처 공직자가 이명박 정부의 정권인수위원회에서 한 말이다. 나는 신문에서 이런 기사를 읽고 나라의 장래에 어두운 그림자가 드리우는구나 생각했었다. 그러더니 요즘 수입쇠고기 반대를 이유로 촛불집회가 횃불 집회로 변하여 나라꼴이 엉망이 되어 큰 걱정이다. 촛불집회가 단순히 쇠고기 수입 때문일까?

어디에선가 읽었던 우리나라 외교통상부 사무관의 수기를 잊을 수 없다. 외교관계로 외국의 중요한 인사와 만찬을 하는데 술도 권하면서 한참 음식을 먹다 보니까 음식에서 배추벌레가 기어 다녀 그 외교통상부 사무관은 심장이 멎을 뻔 했단다. 그러나 정신을 바짝 차리고 남들이 눈치 채지 못하도록 아무 일도 없는 것처럼 배추벌레를 음식에 싸서 태연히 먹어버렸다는 것이다. 나는 이 이야기를 읽고 가슴이 막히고 목구멍이 뜨거워진 적이 있었다. 과연 어느 누가 국익을 위해서 아무도 눈치 채지 못하도록 배추벌레를 먹어버릴 사람이 있을까?

어느 누구나 자기직업에 대한 자긍심과 보람을 느끼면서 살기를 바란다. 그러나 그렇지 못한 사람들은 하는 일에 능률도 오르지 않을 뿐더러 매사가 힘들고 재미없이 그저 남들이 사니까 나도 마지못해 사는 희망도 없고 꿈도 없는 생활을 할 것이다. 개인이나 집단이나 마찬가지로 세상을 살아가거나 어떤 일을 추진할 때 사기(士氣) 가 중요하다. 나는 직장 생활을 하면서는 조직원들의 사기진작을 위해 많은 노력을 기울였다. 그런데 요즘 후배 공무원들과 술자리에서 대화를 나누다 보면 선출직의 하수인이 되든가 아니면 적당한 거리를 두고 그저 시키는 일이나 하면서 세월을 보내면 되는 거지 하는 식이고 사명감이나 긍지, 헌신봉사 같은 단어들은 잊은 지 오래라는 말을 자주 들어 퍽 안타깝다.

그러나 지금도 도처에서 배추벌레를 남모르게 눈물과 함께 씹어먹는 공직자들이 많을 것이다. 그렇지만 계속해서 주인들과 특히 주인도 아닌 선출직들에게 멸시와 푸대접 받으며, 사기를 잃고 꿈이나 보람과 긍지도 없이 그저 남들이 사니까 마지못해서 사는 공직자들이 늘어난다면 과연 나라의 장래가 어떻게 될까? 나라의 주인은 국민들이지 선거에서 당선된 대통령이나 도지사, 시장 군수 등 선출직들이 아니다. 선거에서 당선된 사람들은 자기들이 주인이 아님을 깨닫고 직업공무원들 앞에서 주인행세 하면서 군림하여 공직자들의 사기를 떨어뜨리는 일이 없도록 해야 할 것이고, 정권은 유한 하지만 공직은 영원하다는 사실을 마음속 깊이 새겨두기를 바란다.

생활물가에 MB 딱지만 붙인다고 물가가 그대로 멈추게 될까? 백조가 한가롭게 헤엄치는 모습을 보이려면 보이지 않는 물밑에서 백조의 물갈퀴는 쉬지 않고 움직여야 한다. "이곳을 거쳐 간 자들이여 조국은 너를 믿노라." 미국 육군사관학교에는 이와 같은 표어가 걸려있다고 한다. 미국 육군사관생도들은 이 한마디에서 대단한 자긍심을 갖게 될 것이다. 어느 개인도 아니고 조국이 너를 믿는다는 그 말 얼마나 가슴 뿌듯할까? 선진국 공무원들은 국민들의 신뢰도도 높지만 본인들의 자긍심들도 대단함을 느꼈다.

공직자들이 긍지와 사명감도 없고 사기가 떨어지면 선진국으로 도약하기 어려울 것이다. 이제부터라도 공직자들의 사기를 진작시켜 공무원들에게서 빠져나간 영혼을 불어넣어 공직자들 모두가 보이지 않는 곳에서 국가와 지역사회, 국민과 주민들을 위해서 물갈퀴노릇을 하고 배추벌레를 먹는 공직자로 거듭날 수 있도록 주인들 모두의 따뜻한 배려가 있었으면 좋겠다.

함박눈을 바라보며

창밖을 내다보니 함박눈이 펄펄 내리고 있다. 함박눈이 내리는 모습을 바라보며 느끼는 감정은 저마다 다를 것이다. 스키장 운영자는 하늘에서 금가루를 뿌려주는 기분일 것이다. 그러나 건설현장 노동자나 노점상은 물론 도로관리를 담당한 공무원들은 걱정이 앞설 것이다. 한겨울 함박눈을 바라보면 왠지 옛날 생각에 잠기게 된다. 어린 시절 겨울에 눈이 내리는 날이면 따뜻한 아랫목에 화롯불을 가운데 두고 가족들이 모여앉아 정겹게 이야기꽃을 피우던 생각이 난다. 옛날 우리들이 어린 시절에는 농촌의 겨울은 평화롭고 한가로웠다. 땔나무나 하고 눈이 오는 날은 사랑방에 모여서 놀았다. 부지런한 사람들은 사랑방에서 새끼도 꼬고 멍석을 만들거나 가마니를 짜기도 했다.

함박눈이 내리면 사람들은 장난 끼가 생기는 것 같았다. 함박눈이 내리는 날이면 사랑방에선 꼭 무슨 일이 벌어졌다. 참새를 잡기도 하고, 닭서리를 하든지, 아니면 두부내기 화투라도 치고 막걸리 추렴이 벌어지기도 했다. 먹을거리가 귀한 때였다. 어떤 때는 초저녁에 생고구마를 눈 속에 묻었다가 늦은 밤에 먹으면 얼듯 말듯 해서 서글서글하니 요즘 아이스크림처럼 맛이 있었다. 함박눈이 내리는 날이면 사람들의 마음이 차분히 가라앉기도 하지만 들뜨기도 하는 것 같다. 사람들뿐만 아니다. 강아지들도 함박눈을 맞으며 꼬리를 흔들고 달을 보고 혼자 짖기도 하고 동네 고샅을 이리저리 뛰어다니면서 좋아한다.

가정에서도 마찬가지였다. 함박눈이 내리는 날이면 어머니는 별식을 만들어 주셨다. 호박떡을 해주기도하고, 식혜를 만들어 고추나 하늘수박을 넣고 펄펄 끓여 주기도 하셨다. 저녁이면 무밥과 참기름간장으로 비빔밥을 만들어 주기도 하셨다. 그래서인지 지금도 함박눈이 내리는 날이면 아내에게 무밥을 해달라고 한다. 옛날 그 맛만은 못해도 옛날의 추억을 더듬으며 아내와 함께 먹는 무밥도 그런대로 맛이 있다.

우리 형제들이 분가해서 살면서부터 아버지와 어머니는 농사일이 끝나면 간혹 우리형제들 집을 돌려가며 오셔서 며칠씩 쉬어 가시곤 했다. 어느 해 겨울 우리 집에 오셔서 며칠 쉬시는데 일요일 저녁때 함박눈이 소담스럽게 내렸다. 나는 문득 어머니가 어린 시절 해주시던 무밥 생각이 났다. 그래서 무밥 한번 해먹자고 했더니 어머니와 아버지 모두 대찬성 이었다. 무밥을 해서 부모님과 우리 내외는 맛있게 먹었다. 그런데 아들들은 무밥이 맛이 없다며 먹질 않았다. 늙어서 자식들에게 음식 대접 잘 받고 싶거든 어린 시절에 내가 좋아한 음식을 아이들에게 많이 먹이라는 말이 맞는 말임을 실감했다. 수구초심首丘初心이란 말과 같이 음식도 어린 시절 맛있었던 음식이 나이 들면 먹고 싶어진다고 한다. 그날 밤 어머니는 나에게 너는 어떻게 그런 생각을 했냐고 칭찬까지 하셨다.

직장생활을 할 때는 함박눈이 내리는 날이면 술친구들과 어울려 포장마차에서 참새구이 안주에 정종대포를 마시면서 이야기꽃을 피우기도 했다. 그러나 눈이 많이 내리면 마냥 낭만이나 추억에 젖어 있을 수만은 없었다. 주민들의 재산피해는 없는지 살펴야하고 교통 두절이 되지 않도록 눈을 치워야했다. 때로는 눈을 치우느라 퇴근도 못하고 밤을 지새우며 제설작업을 하기도 했다. 아무리 열심히 눈을 치워도 눈이 많이 내리면 아침출근길에 불편이 따르기 마련이다. 그리되면 위험을 무릅쓰고 밤을 지새우며 눈 치운 공은 아랑곳없이 늑장행정이니 무능이니 하면서 잘못된 것만을 꼬집는 언론들이 야속하기만 했다. 그러나 때로는 주민들로부터 격려전화가 올 때도 있고 위문품을 보내주는 독지가도 있어 보람을 느끼기도 했다.

2010년 1월 2일 서울을 비롯한 중부지방에 추위와 함께 많은 눈이 내렸다. 언론 보도에 의하면 기상 관측사상 가장 많은 눈이 내렸다고 한다. 1월 3일 첫 출근길에 교통 대란이 일어났다. 오죽하면 새해 첫국무회의에 지각한 국무위원도 있었겠는가? 서울시 공무원들은 밤잠을 못자고 제설작업을 하면서 눈 때문에 애를 태웠다고 한다. 서울시 구청에 근무하는 며느리도 퇴근을 못한다는 전화가 왔다. 그러나 언론은 영락없이 서울시행정을 무능으로 몰아붙였다. 나는 백수가 되어 함박눈이 내리는 풍경을 아무 부담 없이 여유롭게 바라보노라니 옛 생각이 파노라마처럼 스쳤다.

인사가 만사라는데

인사가 만사라고 한다. 그러나 인사권자들이 인사권을 마음대로 휘둘러 국민들을 짜증나게 하는 경우가 많다. 인사란 원래 상대성이 있어서 모든 조직원들이 만족할 수는 없다. 그러나 인사란 적재적소에 걸맞은 인재를 기용하는 것도 중요하지만 공정해야 한다. 인사가 공정하게 이루어져야함은 기본중의 기본이다. 정부 인사에서는 지역적으로도 소외감을 느끼지 않도록 해야 한다.

지난 2010년 8월 8일 개각에 국무총리를 포함해 열다섯 명의 장관을 교체 임명하면서 전북출신은 한 사람도 없었다. 이어 차관급 인사에서도 23명중 단 한 사람이 포함되었을 뿐이다. 정부인사발표를 보면서 한숨이 절로 나왔다. 이런 심정은 우리 도민들 대부분이 같은 기분이었을 것이다. 전북은 2년 넘게 무 장관 지역이 됐다. 이명박 대통령 취임 초 전북출신 장관이 한 명 있는 것처럼 발표되었으나 오히려 전북도민들에게 실망감을 안겨주고 비웃음만 샀다. 문화체육관광부장관을 전북출신이라고 발표했지만 우리 도민들은 우리 지역인사라고 생각하지 않는 분위기였다.

8월8일 임명한 국무총리를 비롯한 장관들에 대한 국회의 인사청문회를 국회방송을 통하여 열심히 시청했다. 공직자들에게는 업무추진능력은 말할 것도 없고 고도의 도덕성과 청렴성이 요구된다. 그런데 이번 총리나 장관 내정자들의 행적은 공직자가 되기에는 부적절한 면이 너무 많이 노출되어 청문회를 바라보면서 짜증이 났다. 청와대는 여러 경로로 국무위원 급으로 임용될 정도의 인물이라면 개인신상정보를 충분히 파악할 수 있었을 것이다. 그런데 지연과 학연 등 인맥만을 앞세워 특정지역에 편중된 인사로 개각을 하다 보니 국무위원이 되기에는 도덕성면에서 한참 거리가 먼 인사들을 추천하여 청문회를 바라보는 국민들을 짜증나게 하는 게 아닌가 하는 생각이 들었다.

아니나 다를까, 청문회를 마친 뒤 김태호 총리, 이재훈 지식경제부장관, 신재민 문화체육부장관 후보자들이 자진사퇴했다. 한두 사람 더 사퇴를 해야 할 대상자가 있었지만 그나마 다행이었다. 대통령은 잘하려고 노력하는 것처럼 보인다. 8·15 경축사에서 '함께 가는 국민, 공정한 사회'를 천명한 모습을 보면서 대통령의 고뇌를 짐작할 수 있었다. 그러나 공염불이 안 되었으면 좋겠다는 생각을 했다. 대통령의 국정철학을 추진하는 참모들이 잘해야 한다. 고소영이나 영포회 사람들만 함께하면 대통령이 아무리 좋은 시책을 내놓고 잘하려고 해도 국민들이 함께 가지 않을 것이다.

요즘은 유명환 외교통상부장관 딸의 외무부 특별채용 문제가 불거져 결국에는 장관이 사퇴하는 사태까지 벌어졌다. 모름지기 선비는 과일나무아래에서는 갓을 고쳐 쓰지 말고, 오이 밭에서는 신발 끈도 고쳐 매지 말아야 한다고 했다. 그런데 장관직에 있으면서 자기 딸을 외무부에 특별채용하려 했으니 국민들의 의혹을 사기에 충분했다. 처음에는 장관의 딸이라서 아무리 공정하고 객관적인 기준을 적용하여 선발했다 해도 국민들이 의심할만하다는 여론이었다. 그러나 조사결과 장관 딸을 합격시키기 위해 자격요건과 평가기준을 바꾸고 점수도 파격적으로 주어 합격시켰다고 한다. 이러한 발표를 바라보며 술집에서 또는 식사장소에서 사람들이 모인 장소에서는 이구동성으로 울분을 토하는 국민들의 모습을 많이 봤다. 택시를 탔더니 택시기사도 허탈해하면서 정부를 욕하고 세상을 원망했다. 우리 국민들이 소득 수준에 비해 다른 나라 사람들보다 행복지수가 낮은 원인을 짐작할 수 있었다. 위정자들이 이렇게 불평불만을 토로하는 모습들을 직접 보고 들었으면 좋으련만…….

정부는 이러한 일들이 다시는 발생하지 않도록 특별채용제도를 전면 재검토해야한다. 특별채용제도는 아주 특별한 경우에만 활용하고 일반 공개경쟁을 확대하여 폭넓게 인재를 등용해야한다. 60

년간 직업 관료의 꽃인 사무관을 선발하는 공무원 최고의 등용문으로 자리잡아온 행정고등고시 임용 축소에 대한 정부의 시책도 재 검토해야한다. 공무원 채용의 공정성과 공평성 그리고 객관성의 확보를 위해서는 공개경쟁시험보다 더 좋은 제도는 없다. 새로운 시책을 도입하는 것도 중요하지만 전통을 지키는 것 또한 중요하다. 행정고시제도를 고치려는 발상은 힘 있는 사람들이 보기에는 신선한 제도로 생각되겠지만 가진 게 없는 민초들이 보기에는 불공정사회로 가는 지름길이라 생각될 것이다.

전라북도 도청이나 교육청 그리고 시 · 군 인사도 선거 때 당선자와 어떤 관계를 맺었느냐가 중요했다는 여론이 분분하다. 선거 때 도와준 것에 대한 보답은 서로간의 정으로 남기고 인사는 공정하게 해서 공직자들이 선거 때만 되면 좌고우면左顧右眄하는 일이 없도록 해야 할 것이다. 공직자들이 좌고우면하지 않고 소신과 긍지를 갖고 국가와 지역사회발전을 위해 열심히 신바람 나게 일해야 나라가 발전하고 국민들의 행복지수도 올라갈 것이다. 그러기 위해서는 인사를 공정하게 잘해야 한다. 조직을 관리하는 데는 인사가 제일 중요하다. 그러기에 인사를 만사라 하는 것이다.

(2010. 8.)

공무원의 꽃 사무관

사무관은 5급 공무원으로 최하위직급인 9급 공무원과 최고위직 1급 공무원의 중간의 위치에 있다. 그래서 사무관들을 우리 몸의 신체에 비유하여 허리라고도 한다. 사무관이 되려면 고등고시에 합격하면 출발부터 사무관이 되지만 9급이나 7급으로 출발해서 사무관이 되기까지는 대부분 15년~23년 정도 최선을 다해 열심히 노력해야 가능하다.

고시에 합격하여 중앙부처에 임관된 사무관들은 실무자지만 9급이나 7급으로 출발하여 시·도나 시·군에서 진급한 사무관들은 중견간부다. 시·군에서는 과장으로 임용되거나 읍·면 · 동장에 임용되어 최 일선의 최고위 기관장이 되기도 한다. 7급이나 9급으로 출발한 공무원들은 사무관이 되면 팔자를 고쳤다고 한다. 그 말은 사무관이 되기가 그만큼 어렵다는 뜻도 있고, 죽은 뒤 제사를 지낼 때 일반적으로 지방에 '현고학생부군신위顯考學生府君神位'라고 여덟 자를 쓰지만 사무관이 되면 '현고지방사무관○○○장부군신위'라고 쓰기 때문이다.

고등고시에 합격하기가 얼마나 어려운가? 젊음을 다 바쳐도 안 되는 경우가 많다. 9급이나 7급으로 시작해서 사무관이 되기도 어렵고 힘든 일이다. 7급이나 9급으로 출발하여 근무하다가 나이 들어서 사무관 승진시험 공부를 하는 과정에 병을 얻기도 하고 죽는 일도 자주 있었다. 나도 9급 공무원으로 시작하여 스물 두해 되던 해 마흔여덟 살 때 사무관시험을 보기위해 명산에 있는 고시원에 찾아들어 하루 다섯 시간씩 잠자고 공부하면서 크게 어려움을 겪었다. 동기생들과 만나면 아름다운 추억으로 이야기하지만 그때 나는 너무도 외롭고 힘들어 고독한 시인이 될 뻔 했다. 이러한 폐해 때문에 요즘은 소정의 교육을 이수한 뒤 승진임용 한다.

이렇듯 사무관은 되기가 어렵기 때문에 고시에 합격해서 임용되어도 영광스럽고 기쁜 일이지만 9급이나 7급으로 출발하여 진급을 해도 어느 직급보다 그 의미가 크다. 그래서 사무관을 공무원의 꽃이라 한다. 사무관은 되기도 어렵지만 역할도 막중하다. 국가 정책의 청사진은 대부분 중앙부처 사무관들의 책상에서 입안된다. 중앙부처 사무관들이 입안해서 결정된 시책은 최 일선의 사무관들이 책임을 지고 추진한다. 이렇듯 사무관들은 실무자도 되고 관리자도 된다. 나라발전은 물론 공직사회의 성패는 사무관들의 어깨에 달려있다 해도 과언이 아니다.

사무관들이 긍지를 가지고 중앙부처에서 좋은 시책들을 입안하고 일선에서 착실하게 추진하면 나라발전에 크게 도움이 될 것이다. 그러나 사무관들이 좌고우면左顧右眄 하면서 정치인들의 눈치나 살피고 복지부동伏地不動 하면서 몸을 사리면 어떻게 되겠는가?

선거에서 당선된 선출직 시·도지사나 시장·군수 또는 의원들이 공직자들을 사냥해서 얻은 전리품 정도로 생각하고 공직자들을 줄 세우기위한 부당한 인사로 공직자들의 사기를 떨어뜨리고 주눅 들게 하는 행태나, 유권자들의 표만 의식한 전시성 예산낭비 행정을 누가 막겠는가. 또한 선거철만 되면 선출직들의 하수인노릇을 자처하고 조직원들의 숫자만 부풀려 서로 자기조직의 이익만을위해 압력을 행사하려 덤비는 이름만 거창한 사회단체의 부당한 압력에도 어떤 공직자들보다 사무관들이 당당히 맞서야한다. 고시에 패스한 중앙부처의 사무관들은 젊음과 패기로, 지방사무관들은 경륜과 의리로 국가와 지역사회 그리고 공직내부조직을 위해서 이러한 부당행위에 당당하게 맞서야한다. 그래야 국민들은 물론 공직자들로부터도 공무원들의 꽃으로 신뢰와 존경을 받을 것이다.

(2009. 7.)

기죽고 초라한 머슴들

요즈음 신문과 TV를 보면서 남몰래 한숨 짖고 가슴 아파한 날들이 많다. 나는 지난 2007년 12월 34년의 긴긴 공직생활을 마감하였다. 공직에 재직하면서도 항상 느낀 일이지만 정권이 바뀔 때마다 선거에서 받은 표가 여의봉이라도 되는지, 전권을 위임받은 것 같다. 당선자는 일단 국민들로부터 지지를 받은 것이니만큼 그 정통성과 권위는 존중되어야한다. 그러나 정권이 바뀌고 단체장이 바뀔 때마다 여름날밤 불빛에 달려드는 불나비처럼 정권이나 단체장들에게 빌붙은 언론인과 학자, 그리고 NGO들이 아무런 철학도 대안도 없이 공직자들에게 돌팔매질을 해대는 걸보면서 내가 평생 먹고 마셔온 우물에 오물을 뿌리는 것 같아 남몰래 속을 태우고 한숨지을 때가 많다.

후덕한 주인이라면 기죽고 초라한 모습의 머슴을 원하지는 않을 것이다. 머슴한테 의시대거나 군림하려고 하는 주인은 아마 졸부중세서도 제일가는 졸부 일 것이다. 그런 주인이 아니고는 머슴을 함부로 대하거나 기죽이고 초라하게 내몰지 않을 것이다. 예수님 말씀대로 이중에 죄 없는 자가 돌을 던지라고 말하면 공직자들을 향하여 과연 자신 있게 돌을 던질 그룹이 있을까? 언론인이나 학자 그리고 NGO들 스스로 자성해봐야 할 것이다. 임기가 정해진 정부산하단체 장들을 전임대통령이 임명한 인물이기에 함께 일할 수 없다고 주장한 탈랜트 출신 Y장관의 주장은 정말 황당하다.

왜 직업 관료제를 채택했고 정부산하 단체장들도 임기를 정하여 임명 하겠는가? 그 취지를 곰곰 새겨봐야 할 것이다. 내가 공직자 출신이어서가 아니라 공직사회가 무너지면 나라의 근간이 흔들리고, 공직사회가 부패하면 사회 구석구석이 병들며, 공직자들이 복지부동하면 국가가 미래를 향해 전진할 수 없는 법이다. 자명한 그 사실을 왜 이해하지 못하는 것일까?

지금 서른세 살 먹은 막내아들이 초등학교 5학년 때쯤 4월 5일 식목일에 산에 나무를 심으려고 출근준비를 하는데, 쉬는 날 함께 탁구를 치기로 약속해놓고 왜 출근하느냐고 따지면서 억울한 생각도 없느냐고 물었다. 왜 그런 생각을 하느냐고 반문 하니까, 아버지는 비나 눈이 많이 오거나 바람이 많이 불면 집에도 못 오고 비상근무하고 밤에 잠을 자다가도 산불 났다면 나가고 그렇게 고생하지만 사회에서 아버지 직업을 크게 인정 해주지 않는 것 같아서 속상한데 아버지는 그런 줄도 모르냐는 것이다. 아버지를 생각하는 어린 아들의 마음이 기특하여 한참을 얘기한 기억이 새롭다.

누가 알아주든 말든 그때는 크게 억울하다거나 속상하게 생각하지 않았다. 오히려 나라가 발전하고 국민들도 보리 고개에서 벗어나고 살림이 윤택해지는 모습들을 보면서 긍지와 보람을 갖고 근무했다. 그런데 요즘 정권이 바뀌거나 단체장이 바뀌면 공직자들을 마치 전 정권만을 위해서 일 해온 정권의 시녀인양 죄인취급을 하고 사냥터에서 잡은 노획물정도로 취급하는 자세를 보노라면 너무 억울하다는 생각이 든다.

대통령이 금융감독위원회 업무보고를 받으면서 위원장에게 "공무원들에게 물들지 마라"는 주문을 했다는 신문 기사를 보고 어안이 벙벙했다. 대통령부터 이제는 좀 생각을 바꿨으면 한다. 그간 위정자들이나 양식 있는 학자들이 공무원의 정치적 중립과 지방자치의 성공을 위해서는 직업공무원제도의 정착을 금과옥조로 주장해왔다. 그런데 이러한 취지도 이해 못하는 사람들이 공무원조직을 "철 밥통" 운운하면서 매도하고 기존조직을 통폐합하고 숫자놀음으로 공무원 몇% 감원 운운하면서 공무원들을 주눅들이고, 기를 죽이는 등 공무원들의 숨통을 죄고 있다. 이런 행태가 과연 국가발전과 나라의 백년대계를 위해서 타당한 일인가 아니면 국민들을 기만하는 정권의 인기전술인가 잘 살펴봐야 할 것이다.

주인이 머슴을 따뜻하게 대해주고 머슴은 주인을 위해 신바람 나게 일할 때 살림살이는 저절로 늘어나게 되리라. 그래야 주인도 행복하고 머슴도 긍지와 보람을 느낄 것이다.

(2008. 4.)

다독다독

'다독다독'은 임실군청 직원들의 동아리 이름이다. 이름으로 봐서는 얼른 무슨 동아리인지 짐작이 잘 안 간다. 주민들의 마음을 어린아이 잠재우듯이 따뜻하게 다독거려 주자는 뜻인가 하는 생각도 든다. '다독다독' 이름이 퍽 정겹다. '다독다독'은 책을 많이 읽자는 취지에서 붙여진 독서동아리라는 말을 들었다. 정말로 마음이 흐뭇했다.

일상생활을 하다보면 흔히 바쁘다는 핑계로 독서를 소홀히 하는 경향이 많다. 특히 직장생활을 하다보면 더욱 그렇다. 나는 직장생활을 하면서 동료들에게 책 읽기를 권장했었다. 미장원에 자주가면 미(美티)가 나지만 서점엘 자주가면 지(知티)가 난다고 우스갯소리를 하면서 후배들에게 책 읽기를 권했다. 명절이나 특별히 좋은 일이 있을 때면 직원들에게 책을 선물했다. 그땐 왜 독서동아리를 만들 생각을 못했는지 아쉽다. 퇴임한 지도 5년이 지났다. 그러나 후배들이 독서 동아리를 조직하여 1주일에 한권씩 책을 읽고 토론을 한다니 기쁘다. 괜히 내 마음이 설렌다.

금년 1월 첫 주에는 이지성의 ≪리딩으로 리드하라≫를 읽고 토론했다는 소식을 들었다. 좋은 책이다. 나도 작년에 읽고 두 아들 내외에게 반드시 읽으라는 당부와 함께 선물한 책이다. 우리 모임 '좋은사람들' 회원들에게도 선물했다. 금방이라도 독서 동아리 회원들을 초청하여 소주잔을 기울이며 토론을 하고 싶다.

정년퇴임을 한 뒤 가끔 친구들이나 일가친척들로부터 아들이나 딸 결혼 주례를 서달라는 부탁을 받는다. 나는 주례를 설 때면 서로 사랑하고, 부모님께 효도하고, 형제간에 우애하라는 당부를 마치고, 신랑과 신부에게 평생 해야 할 숙제를 낸다. 신랑과 신부는 매달 좋은 책 한 권씩을 서로에게 선물하고 바꿔 읽으라고 권한다. 그리하면 최소한 한 달에 두 권의 책을 읽을 것이다. 책을 사서 선물하고 바꿔 읽으면 대화의 소재가 많아 의사소통이 잘된다. 의사소통이 잘되면 부부간의 금슬이 좋아질 것이다. 그리고 매달 좋은 책을 서로에게 선물하고 책 읽는 부모의 모습을 보고 자란 아이들은 스스로 책도 많이 읽고 공부도 잘하여 행복한 가정이 될 것이라 생각해서다.

안중근 의사는 一日不讀書口中生荊棘 라 했다. 토마스 바트는 책이 없으면 하느님은 말씀을 잃고, 정의는 잠들고, 과학은 멈추며, 철학은 절름거리고, 문학은 벙어리가 되는가하면, 결국 세상은 어둠에 묻힐 것이라 했다. 이밖에도 옛 성현들의 책을 많이 읽으라는 메시지는 헤아릴 수 없이 많다. 독서의 필요성은 누구나 다 잘 알지만 실행하기가 어렵다. 그러나 취미가 붙기만 하면 독서처럼 하기 쉬운 게 없다. 바둑이나 골프, 테니스, 탁구, 등은 적당한 시간과 장소는 물론 상대도 있어야하고 돈도 많이 들어간다. 그러나 독서는 시간과 장소를 가릴 필요가 없다. 돈이나 상대가 없어도 된다. 정년퇴임 뒤 어떻게 소일하느냐고 걱정스레 묻는 사람들이 많다. 그럭저럭 지낸다고 대답한다. 그러나 실은 시간이 모자라지 남는 시간은 없다. 혼자 있어도 독서를 하면 되기 때문에 무료하게 보내진 않는다. 노후를 위해서라도 독서하는 취미를 길러두면 인생이 풍요로워 진다.

공무원은 임용당시 경쟁률이 높고 시험도 어려워 실력 있는 인재들이 많이 임용된다. 그러나 임용 뒤 경쟁 할 상대가 없고 책도 읽지 않아 다른 조직에 비해 경쟁력이 떨어진다는 소리를 많이 들어왔다. 그런데 공무원들이 자발적으로 좋은 책을 읽고 토론을 하는 멋진 동아리가 생겼으니 공무원소식에 새바람이 일어 임실군이 크게 발전할 것이다. 책에서 얻은 유익한 정보들을 군정에 접목시켜 좋은 시책을 발굴하여 꿈과 희망으로 군민과 함께하는 행복 임실을 앞당겨 이룩하길 기대한다.

(2012. 2. 25.)

화난 머슴들

"지렁이도 밟으면 꿈틀거린다는데 화가 날 만도하지……" 전국공무원노동조합이 이명박 대통령 불신임안을 표결하려는 대의원 집회를 경찰의 원천봉쇄로 무산되었다고 한다. 이 소식을 들은 사람들의 의견은 저마다 다르리라. 대통령이 누구인가? 대통령은 국민들로부터 선거를 통해 위임받은 국가의 행정권을 총괄하는 최고위 공무원으로 거의 모든 공직자의 임명권자다. 그런데 자기들의 최고 수장인 대통령을 공직자들이 불신임한다니, 이치로 따져서는 말도 안 되는 짓거리다. 설사 공무원 노동조합에서 불신임안이 통과된다 해도 아무런 법적효력도 없다. 하지만 오죽이나 답답하면 공직자들이 그런 불신임 투표까지 하겠는가? 하는 동정론도 있을 수 있을 것이다.

주인인 국민들은 머슴인 공무원들에게 정치가 어떻게 바뀌고 언론이 무어라 떠들든 누구의 눈치를 볼 것 없이 "그저 귀먹은 중마 캐듯" 좌고우면左顧右眄 하지 말고 열심히 일만하는 공직자가 되기를 요구 할 것이다. 그러나 주인이 바라는 공직자가 되려면 우선 환경부터 제대로 만들어 주어야한다. 공직자가 자기 소신을 굽히지 않고 어느 누구에게라도 자기의 소신이 옳다고 생각 될 때는 'No!라고' 말할 수 있어야한다. 정권에 줄을 서거나 아부하지 않아도 신분에 영향을 받지 않는 환경 이 조성되어야 한다는 이야기다. 그러기 위해서는 무엇보다도 확실한 직업공무원제도가 정착되어야 할 것이다.

그런데 정권이 바뀔 때 마다 선거에서 승리해 정권을 잡은 자들은 직업공무원들을 철 밥통 운운하며 흔들어대고, 법으로도 임기가 보장된 단체의 장들을 전 정권에서 임명 되었다하여 사표를 종용한다. 사표를 내지 않으면 특별감사나 사정기관의 힘을 동원하여 강제로 퇴출시키기도 한다. 업무진단도 해보지 않고 일률적으로 공직자들의 수를 몇 % 줄이는가 하면, 기구를 통폐합 하는 등, 힘의 논리로 밀어 붙인다. 공직자들을 진 정권의 시녀 노릇이나 하고 그저 철학도 영혼도 없는 집단으로 매도하며 기죽이는 발언을 예사로 한다. 나는 비록 퇴임은 했지만 공직에서 34년이나 몸담았던 까닭에 속이 상해서 밤잠을 설친 때가 더러 있었다.

제 5공화국 시절, 함께 근무했던 존경스런 과장님이 제출했던 사직서의 문구가 생각난다. "세도불급勢道不及하여 삭발위승削髮爲

僧하고 수도修道 하고자 자이 사표제출辭表 提出함."사직서의 내용은 세도가 너희들에게 미치지 못하여 중이 되어서 수도를 하려고 사표를 제출한다는 내용이다. 이런 명문의 사표를 내셨던 과장님은 공직자로서 청백 할 뿐만 아니라, 정이 깊고 한도 많으셨던 어른이었다. 간혹 나와 술을 마시다가 눈물 바람을 하시던 과장님께서는 대도시에서 근무하시다가 바른말 잘하고 바르게 업무처리 하다가 억울하게 우리 군郡으로 좌천 되었다. 명문의 사표를 제출하여 당시 우리공직사회에서 명성이 높은 분이었다. 어느 조직이나 대동소이 하겠지만 특히 공직사회에서는 바른말 많이 하면 "모난 돌 이 정 받는다."는 속담처럼 손해 보는 일이 많다. 그래서 하고 싶은 말도 못하고 벙어리처럼 산다.

공직자들은 승진을 낙으로 삼고 산다 해도 과언이 아니다. 그런데 중앙부처의 장관 자리는 물론 차관 자리와 지방의 도지사, 시장, 군수, 구청장 모두 정치인들의 몫이 되어버렸다. 그것도 모자라 특정부서는 개방형 직위를 도입하여 정치인들이 계속 밀고 들어와 승진을 기대하기가 더욱 어렵게 되었다. 거기다 봉급은 대기업이나 공기업에 비하면 절반 수준에 머물고, 무엇 하나 만족스럽지 않아 일할 맛이 나지 않은 게 현실이다.

그러나 어찌 하겠는가? 정도의 차이는 있지만 옛날에도 정권이 바뀔 때마다 공직자들은 수난을 당했다. 사냥터에서 잡은 노획물이나 전쟁터에서 얻은 전리품 정도로 취급해도 공직자들은 말도 한마디 제대로 못했다. 그래도 공직자들이 맡은바 소임을 다하여 나라가 이만큼 발전 할 수 있었음은 알만 한 사람들은 다 안다. 나라가 발전하기 위해서는 공직자들이 열심히 해야 한다. 선거에 당선된 사람들은 직업 관료들의 사기를 진작시켜 공직자들이 열심히 일하여 나라 발전의 원동력이 되도록 하였으면 좋겠다.

추석선물을 받고

택배가 배달되어 풀어보니 함께 근무했던 예쁜 여직원 난영이가 보낸 책 선물이었다. 그 책을 보니 또 명절이 돌아올 모양이다. 난영이는 명절이면 제일 먼저 꼭 책을 선물 해주는 직원이다. 책도 어떻게 내가 읽고 싶은 책만 골라서 선물 하는지 기특했다. 정년퇴임을 하고 집에서 화려한 백수로 있어도 정겨운 선물을 보내주는 옛 후배들의 훈훈한 인정이 있으니 여간 고맙지 않다.

선물이라고 하면 나는 어린 시절 주로 설이나 추석명절 때 집안 어른들이나 아버지 친구 분들 댁에 아버지 심부름으로 선물을 전달했던 기억이 난다. 돌이켜보면 선물의 내용도 세월의 흐름에 따라 많이 변했다. 내가 어린 시절에는 설이나 추석이면 아버지는 창호지, 청주, 찹쌀, 굴비 ,곶감, 유과 조청 등을 정성껏 준비 하시어 돌머리 할머니 댁, 향교 할머니 댁, 성생원, 산판집 영감님 댁, 만경 할아버지 댁은 물론이고 상당히 많은 분들에게 선물을 보내셨는데 내가 심부름을 많이 했었다. 어린 내가 설이나 추석선물을 들고 웃어른들 댁을 가면 할머니 할아버지 또는 아버지 친구들이 귀여워 해주심은 물론 용돈도 주셨다. 아마 그 맛에 심부름을 잘 했던 것 같다. 지금은 대부분 다 돌아가셨지만 참 그때 그 시절이 새삼 그리워진다.

설 명절 같은 경우 어떤 집에는 일꾼을 시켜 나무를 져다 주기도 하셨다. 그리고 우리 집에 들어오는 선물도 대부분 대동소이 했다. 어떤 집에서는 기른 콩나물을 동이 째 가져오시는 일도 있었다. 선물 하나하나가 정성과 인정이 가득 담긴 것으로 종류도 각양각색이었다. 어린 시절 아버지께서 집안 어른들은 물론 친구들이나 살기 어려운 이웃들에게도 선물을 돌리는 심부름을 많이 하면서 자라서인지 나는 설이나 추석이면 웃어른이나 친구들에게 선물을 보내곤 했었다. 처음 공무원을 시작한 1970년대 초에는 선물이 주로 설탕 3킬로그램짜리 한포 또는 정종 한 병, 쇠고기 한 근이니 돼지고기 두 근 양말 두세 켤레, 마른 고추와 참깨 등 그야말로 소박한 정을 나타내는 뜻으로 상사들은 물론 동료들과 주고받았다.

그런데 공직사회에 사정 바람이 불고 난 뒤부터 명절이면 선물 안 주고 안 받기운동 지침이 시달되고 감사부서를 동원하여 감시 감독은 물론 암행감찰활동 등 정말로 낯 뜨거운 일들이 벌어져 창피하고 마음을 종잡을 수 없을 정도로 혼란스러웠다. 물론 선물문화가 예전같이 순수하지 못하고 서로에게 부담을 주며 부정부패의 연결고리가 되는 등 일부 혼탁한 부분을 고려하지 않는 바는 아니다. 그러나 위정자들이나 언론이 너무도 마녀사냥 식으로 우리 사회를 몰고 나가는 것 같아서 실망스러울 때가 많았다.

이번 추석에도 검찰조사를 받고 있는 전직 장관 댁에 선물을 전달하는 과정을 몰래카메라로 촬영하여 뉴스시간에 방송하는 것을 보노라니 너무도 치졸하고 역겨웠다. 우리 국민들의 정서나 문화에 지대한 영향을 끼치는 정책입안자나 언론매체 특히 방송매체에 종사하는 분들은 우리의 선물문화를 오랜 전통에서 오는 미풍양속으로 또 앞으로 먼 뒷날 까지도 아름답고 인정이 넘치는 선물문화가 정착되도록 선물에 대한 인식을 새롭게 했으면 좋겠다. "선물 안 주고 안 받기"보다는 정성과 인정이 넘치고 분수에 맞는 선물을 주고받는 문화를 정착시켜 나간다면 어떨까싶다. 그렇게 되면 요즘 청소년들 사이에 유행하는 전통도 철학도 없는 국적불명의 발렌타인데이 같은 기형적인 선물문화가 발을 붙이지 못할 게 아닌가 하는 생각이 든다.

(2007. 추석)

훌륭한 자식 만들기

내년에 미국에서는 맞춤형 아기가 태어난다고 한다. 미국 로스앤젤레스의 유명한 산부인과 병원에서 아기의 성별은 물론 외모도 원하는 대로 해준다는 광고를 내고 신청을 받고 있다는 것이다. 맞춤형 아기는 임신초기의 배아에서 세포를 채취하여 검사하면서 나쁜 유전자는 제거하고 원하는 유전자만 골라 임신을 진행시킨다는 보도다. 이 기사를 읽으면서 두 가지가 걱정이 되었다. 첫째는 인간이 신의 영역에 도전하여 저주를 받아 큰 환란을 당하지 않을까 하는 걱정이고 둘째는 자식들을 훌륭하게 만들려는 욕망이 강한 우리나라 여성들이 대거 신청을 하지 않을까 하는 생각이 들었다.

훌륭한 자식을 만들기 위해 우리 인류는 동서고금을 막론하고 끊임없는 노력을 기울여 왔다. 훌륭한 인물은 대부분 후천적인 교육에 의해서 만들어 지지만 선천적인 요인으로 만들어지기도 한다. 선천적 요인으로는 어떤 집안에서 태어났느냐가 중요하다. 모계나 부계의 유전혈통이 중요하다는 말이다. 왕대밭에서 왕대 난다는 말은 이를 두고 한말이다. 또한 잉태한 장소나 낳는 때도 중요하다.

우리 고장 임실군 삼계면은 박사가 많이 배출된 고장으로 유명하다. 인구 2000명도 못되는 고장에서 박사가 무려 140여명이나 배출되었다니 사람 열댓 명모이면 박사가 한 사람 있는 셈이다. 박사뿐만이 아니다. 고시합격자도 많고 유명한 문인들도 많이 배출한 고장이다. 이렇듯 학자들이 많이 배출된 원인을 여러 가지로 설명하기도 한다. 삼계면은 집성촌이 많아 씨족 간 선의의 경쟁을 하는 과정에서 비롯됐다는 주장도 있지만 삼계면은 산세가 수려하고 명당이 많기도 하지만 특히 문필봉이 많아 학문을 숭상하는 사람들이 태어날 지세라는 설명이 가장 설득력이 있다.

임실군청에 근무하면서 입안했던 임실군 장기종합특화발전계획이 생각난다. 임실군 삼계면 지역에 박사고을 허니문 체험 파크를 조성 하자는 계획이다. 삼계면 세심휴양림부근의 문필봉이 정면으로 바라다 보이는 위치에 호텔, 박사기원 탑, 영재 만들기 테마레스토랑 등 신혼여행 상품을 개발하여 신혼여행을 이곳에서 보내면 박사자녀를 출산한다는 내용이다.

요즘 결혼하는 신혼부부들은 대부분 예식장에서 결혼식을 마치면 폐백 드리고 신혼여행 비행기시간에 쫓겨 허겁지겁 공항으로 달려간다. 외국으로 떠나는 신혼여행 프로그램을 보면 특별한 내용도 없고 관광지나 유원지를 다니면서 구경하고 즐기는 코스가 대부분이다. 그저 남이 가니까 덩달아 외국으로 나가 외화를 낭비하면서 관광여행과 다름없이 깃발 들고 여행지를 떠돌다 돌아온다. 신혼여행은 일반 관광성 여행보다는 평생 간직할 아름다운 추억과 미래에 대한 꿈을 설계하는 여행이 되어야 할 것이다.

산세 좋고 명당이 많아 박사를 많이 배출한 유서 깊은 삼계면 박사고을의 신혼여행지로 개발할 그곳의 지명이 세심洗心이다. 그곳으로 신혼여행을 가면 우선 세심의 깨끗하고 맑은 공기와 물로 몸과 마음을 정갈하게 씻는다. 호텔 앞 광장의 박사기원 탑에서 박사자녀 점지를 기원하는 탑돌이를 하고 첫날밤을 맞는다. 영재 만들기 테마 레스토랑에서 임실치즈와 세심의 청정지역에서 생산되는 품격 높은 산머루와인을 마시며 여유롭게 새 출발하는 인생을 설계한다. 더불어 멋진 추억의 신혼여행을 하고난 뒤 열 달이 지나면 미래 박사가 될 자녀가 출생한다고 상상해보라. 평생 간직할 멋진 추억과 희망이 넘치는 환상적인 신혼여행이 아니겠는가.

이곳에서 신혼여행을 한 부부가 출생한 자녀들을 데리고 해마다 결혼기념여행을 온다. 아이들에게, 엄마 아빠가 박사기원 탑에서 문필봉을 바라보며 장래 훌륭한 자녀를 낳게 해달라고 간절하게 기도 하여 낳았다고 들려주면 아이들도 스스로 자긍심을 갖고 노력하여 장래 꼭 박사가 되려고 할 것이다.

하루빨리 삼계 박사고을 허니문 체험파크를 조성할 민간 투자자가 나타나서 맞춤형 아기를 만들기 위해 미국으로 떠나려는 엄마들과 외국으로 신혼 여행가는 새신랑 새신부들이 우리고장 박사고을에서 여행도 즐기고 장래 박사가 될 자녀들도 출산했으면 좋겠다. 이 사업이 잘되면 정부의 출산 장려와 인재양성 시책에도 큰 도움이 될 것이다. 따라서 정부나 자치단체에서는 이 사업을 한다는 민간 투자자가 나오면 주변지역의 기반사업과 예산을 지원하여 성공하도록 도와주어야 하려니 싶다. 이 소망이 이루어지는 날 박사고을 삼계는 우리나라는 물론 세계인들의 신혼 여행지가 될 것이다.

(2009. 3.)

3부

가족의 품

아버지 바둑 한 수 하실까요?

아버지에 대한 추억들을 이야기할 때 우리 또래들은 대부분 아버지는 엄하시고 고지식하시고 황제처럼 군림하신 권력자로 이야기하는 사람들이 대부분이다. 그런데 우리아버지는 달랐다. 우리 아버지는 자상하지는 않아도 인자하시고, 용돈 잘 주시고 많이 알지만 자식들 앞에서 내색도 안 하셨다. 북을 잘 치시고 춤 잘 추시며 서예도 잘하시고 시조나 판소리도 즐겨하시는 멋진 아버지셨다. 우리는 형제가 여덟 명이다. 그런데 어린 시절부터 장성 할 때까지 아버지에게 꾸지람 듣고 매 맞아본 형제가 한사람도 없다고 하면 아마 거짓이라고 말할 사람들도 더러는 있을 것이다. 그러나 우리 형제들은 아버지에게 한사람도 매를 맞거나 심하게 꾸지람을 들어본 일이 없다.

아버지는 우리 형제들 어린 시절에 용돈을 잘 주셨다. 아버지가 돈을 잘 주셨다고 하니까 살림살이가 넉넉 했나보다고 생각 할 수 있으나 결코 살림살이가 넉넉하고 돈이 많아서 잘 주신 게 아니다. 아버지는 우리형제들이 돈이 필요하다고 하면 대략 물으시곤 항상 달라는 금액보다 더 많이 주셨다. 어린 시절 친구들 보면 대개 부모님께 하는 거짓말이 용돈 때문에 하는 게 대부분이다. 그런데 우리형제들은 부모님께 거짓말할 필요가 별로 없었다. 친구들하고 놀다가 다소 밤늦게 집에 들어가도 아버지는 별로 책망을 안 하신다. 또 농사철 바쁠 때 일손을 거들지 않아도 별 말씀 안 하시니까 부모님께 별로 거짓말 해본 기억이 없다. 아버지는 일만 하는 것보다는 노는 게 나을 수도 있다는 말씀을 자주 하셨다. 아버지는 돈이나 노동에 대한 철학이 있으셨다. 돈이란 벌고 모으는 것도 중요하지만 쓰는데도 인색하면 안 되고 특히 수전노가 되어서는 더더욱 안 된다고 말씀하셨다. 노동 또한 생활의 한 방편이지 쉴 줄도 모르고 미래에 대한 예측이나 생각 없이 일만 열심히 한다고 잘사는 건 아니라고 말씀하셨다.

아버지는 노는 법도 많이 알려주셨다. 우리 형제들은 화투(민화투, 육백, 고스톱) 꼬누, 장기, 바둑 등도 아버지한테 다 배웠다. 우리 어린 시절에는 화투도 퍽 귀했다 그런데도 아버지는 설이 돌아오면 화투와 바둑판 장기판도 잔돈도 준비해주시고 화투 바둑 장기 등, 놀이를 가르쳐주셨다. 며느리들도 예외가 아니다. 명절이면 아버지는 며느리들 하고 고스톱 치시고 우리 형제들은 형제들끼리 고스톱과 장기, 바둑을 두게 하셨다. 아버지한테 어린 시절부터 배운 솜씨라 모두 실력들이 짱짱하다. 우리8형제는 화투, 장기, 바둑 못하는 형제가 하나도 없다. 그러나 도박을 하는 사람은 하나도 없다. 그래서 나는 내 며느리에게도 자신 있게 말한다. 손자 재경이가 화투를 만지면 못 만지게 하는데 오히려 어린 시절부터 노는 방법을 건전하게 지도해주면 화투놀이도 셈하는 방법도 터득하고 여러 가지로 장점도 있으니 좋은 쪽으로 생각하라고 일러준다. 아버지는 우리형제들이 장성하여 직장 따라 전주에 나와 사니까 가끔 전주에 오신다. 우리 집에서 대부분 형제들이 직장에 출근하면 며느리들 소집해서 고스톱을 치시곤 하셨다.

바둑은 다른 형제들하고도 자주 두셨지만 나와 제일 많이 두셨다. 바둑 실력은 아버지께 아홉 점 놓고 배웠는데 내가 군 입대 무렵에는 기력이 비슷했다. 기력은 아마추어 초단정도 될 것이다. 아버지는 바둑을 두실 때 고사 성어나 바둑에 대한 이야기도 많이 해주셨다. 바둑을 두시다가 작은 곳에 집착하면 소탐대실이라고 하셨다. 내 바둑이 불안전한 상태에서 공격하면 아생연후살타라 하셨다. 또 앞만 보고 공격하면 성동격서라 하셨다. 제대하고 돌아와서는 아버지와 나의기력이 더욱 비슷해져 바둑을 두다 보면 밤을 새우는 날도 더러 있었다. 내가 직장 생활을 시작 한 뒤로는 자주 바둑을 둘 시간이 없고 또 멀리 떨어져 사니까 바둑을 둘 기회가 적어졌지만 그래도 명절이나 휴가 때면 가끔 바둑을 두었다. 어느 때 인가, 내 막내아들하고 아버지가 바둑을 두시는 걸 들여다보다가 깜짝 놀랐다. 아버지가 자꾸 헛수를 두셔 처음에는 손자에게 일부러 져주시려고 그러는가 했는데 자세히 살펴보니 그런 게 아니었다. 아버지께서 바둑판 전체를 두루 파악을 못하셔서 자꾸 헛수를 두신걸 보고 마음이 허전하기도 하고 퍽 안타까웠다. 그때 그 순간의 심정을 말과 글로 표현하기가 어렵다.

실은 나는 말뿐이지 아버지께 평소 잘 해드리지 못했다. 고향에서 효자라고 소문이 자자한 바로위형님이 아버님이 사시는 고향에서 면장으로 재직 하고 계시면서 부모님을 잘 모셔 셋째아들인 나는 형님들 믿고 부모님을 자주 찾아뵙지 못했다. 항상 바쁘다는 핑계로 정년하고 나면 시간을 내어 부모님을 자주 찾아뵈면서 잘 해야 하겠다고 마음속으로 자주 다짐을 했었다. 아버지는 내가 정년도 하기 전 2006년 정월 대보름날 92세에 돌아가셨다. 막상 정년을 하고 나니 아버님은 돌아가시고 어머님만 계신데 나는 지금도 형님들께 의존하고 어머님을 자주 찾아뵙지 못한다. 돌아오는 한식날에는 어머니도 찾아뵙고 아버지 산소에도 찾아가 아버님 바둑 한수 하실까요? 하고 여쭈어봐야겠다.

(2008. 3.)

재현이와 포대기

둘째 손자 재현이는 2007년1월12일 출생하여 외가에서 자라다가 그해 8월 우리 집으로 왔다. 큰손자 재경이를 키우다가 재경이는 제 엄마 아빠가 서울로 데려가고 둘째 재현이가 왔다. 재현이를 집으로 데려오기 전, 아내가 서울에 가서 제 엄마와 한 달쯤 함께 생활하면서 키우다가 전주 우리 집으로 데려왔다. 태어난 지 7개월 밖에 안 된 어린애가 엄마와 떨어져 할머니 품에서 자라는 모습이 안쓰럽기는 해도 할머니의 정성을 아는지 실팍하게 잘 자란다. 외가에서 키우면서 외할머니가 건강하게 잘 크는 모습을 보고 장군 같다고 하여 우리 집에서도 장래 훌륭한 장군이 되었으면 하는 마음으로 장군이라 부른다.

엄마가 2주에 한 번 오다가 때로는 3~4주 만에 올 때도 있어 제 엄마 얼굴조차 잊으면 어쩌나 걱정 했었는데 제 엄마는 어찌 그리도 잘 알아보고 반기는지 제 엄마만 오면 할머니 할아버지는 아예 안중에도 없다. 할머니나 할아버지가 장난감이나 먹을 것을 사주어도 전부 엄마가 사주었다고 한다. 과자나 음료수를 사주고 과자를 누가 사주었냐고 물으면 엄마가 사주었다고 대답한다. 이렇게 재현이는 엄마와 떨어져 살아도 엄마가 최고다. 봄을 맞이하여 예쁘고 가벼운 신발을 사주었다. 그런데 누가 묻지 않아도 신발을 엄마가 사줬다고 자랑하면서 뽐내는 것을 보면 저절로 웃음이 나온다.

아기와 엄마와의 관계는 일반적인 사고로는 설명할 수가 없다. 엄마의 사랑이 얼마나 큰지를 실감케 한다. 2주 또는 4주에 와서 겨우 토요일 밤에 자고 일요일 오후면 가버린 엄마를 그리도 반기는지, 일요일 오후 제 엄마가 갈 낌새가 보이면 안 떨어지려고 애타는 재현이의 모습과 아기를 남겨놓고 떠나려는 안타까운 며느리의 표정을 살필 때면 차 시간을 걱정하면서 어서 가라고 재촉은 하지만 나도 몰래 숨을 몰아 쉴 때가 많다.

아내는 때로 며느리를 보내놓고 재현이가 애절하게 울면서 보채면 훌쩍 훌쩍 운다. 그럴 때면 나도 속이 편치 않다. 제 엄마와 헤어질 때면 헤어지기 싫어 안타깝게 헤어져도 헤어진 뒤에는 할머니를 곧잘 따른다. 그래서 헤어질 때는 잠잘 때 몰래 가기도 하고 자동차에 태워 외출하는 척 위장하여 가기도 한다. 엄마의 사랑이 모자라서 그런지 언제부터인가 우리 집에 오면서 제 엄마가 덮어주던 노란 수건포대기를 꼭 껴안고 자는 습성이 생겼다. 노란 수건 포대기는 잠잘 때뿐 만아니라 간혹 잘 놀다가도 챙긴다. 어떤 때는 아예 몸에 두르고 다니기도 한다. 제 엄마가 잠잘 때 덮어 주었던 기억을 하는지, 엄마가 생각 날 때면 더욱 더 포대기를 챙긴다.

재현이가 우리 집에 온지도 2년이 다 된다. 이제는 제법 말도 잘하고 말귀도 알아듣는다. 그런데 8월쯤 제 엄마 아빠가 데려간다고 하니 걱정이다. 우리 내외도 재현이가 없으면 너무 적적 할 것 같고 재현이는 재현이 대로 할머니 할아버지가 다 받아주던 응석을 제 엄마 아빠는 잘 받아 주지 않을 텐데, 적응을 잘 할 수 있을지 모르겠다.

그러나 재현이 교육을 위해서도 보내기는 보내야 한다고 마음을 먹지만 어떻게 해야 할지 마음이 놓이질 않는다. 재현이가 가고 나면 재현이가 엄마의 일부라도 되는 듯 항상 곁에 두고 싶어하던 포대기도 함께 우리 곁을 떠날 것이다. 지금부터 마음이 허전해진다. 우리내외도 재현이처럼 마음의 포대기를 준비해야 할 모양이다.

(2009. 6.)

동학의 후손들

우리 60대들이 학교에서 배운 국사교과서와 요즘 학생들이 배우는 국사교과서의 내용이 많이 달라졌다고 한다. 요즘 교과서의 편향성으로 논란이 많다. 정권이 바뀔 때 마다 교과서의 내용이 달라져서야 되겠는가? 자라나는 후손들에게 바른 역사관을 심어주도록 올바른 교과서를 편찬하는데 학계와 정치권은 물론 국민들 모두가 노력해야 할 것이라 생각한다. 우리또래들이 배운 교과서는 왜곡된 부분이 많았었다. 우리또래들은 일제강점기를 벗어난지도 얼마 되지 않았을 뿐더러 6 · 25 전쟁으로 정부에서 학생들을 가르치는 교과서에까지 신경 쓸 여력이 부족했을 거란 생각도 든다.

특히 동학농민혁명은 우리들이 배울 때에는 동학란이라 배웠다.

그러니 동학에 참여했던 분들이나 그 유족들은 일제 강점기에는 물론 해방된 뒤에도 역도들의 집안이었다. 100여 년 동안 역도들의 후손으로 몰려 억울하고 분해도 어느 곳에 하소연 한번 못하고 숨죽이며 기죽고 초라하게 살아왔다. 승리자의 일기는 밝은 햇빛에 비추어져 찬란한 역사가 되지만 패자의 일기는 구름 낀 달빛에 바래 신화가 된다고 한다. 그간 동학혁명에 참여한 사람들의 후손들은 조상들이 역도로 몰려 떠돌이나 은둔생활을 할 수밖에 없었다. 아니면 관군과 왜병에 잡혀 죽거나 옥살이를 하느라 가산 탕진은 물론 후손들 교육시킬 여력도 없어 대를 이어 배우지도 못하고 가난을 대물림 하며 살았다.

나는 어린 시절 아버지로부터 고조할아버지 그리고 증조할아버지와 할아버지가 동학혁명과 독립운동에 참여하여 활동 하셨다는 이야기를 신화처럼 많이 들었다. 그래서 동학혁명이나 독립운동에 관해서 어렴풋이나마 짐작 할 수 있었다. 아버지는 항상 퍽 진지하고 조심스럽게 언젠가는 동학란이 아닌 동학농민혁명으로 바뀌어질 것이라고 말씀하셨다, 아버지의 말씀을 증명이라도 하듯 국사교과서가 동학란에서 동학농민혁명으로 바뀌었다. 동학혁명에 참여했던 유족들에게는 증손자까지 동학혁명 참여자 유족 증서를 주었다. 우리 형제들도 증조할아버지께서 동학혁명 북접대접주로 활동했던 후손이라는 동학혁명참여자유족증서를 받았다.

아버지는 명절이나 제사 또는 어른들의 생신 때 가족들이 많이 모일 때면 선조들의 행적을 자세히 설명 해 주셨다. 고조할아버지와 증조할아버지는 1894년 갑오동학혁명 이전에 집에 두었던 10여 명의 종들을 평민으로 살도록 해주었다고 한다. 평소 빈민구제에도 힘써 우리 고향주변 마을에서는 농민들이 들판에서 점심이나 새참을 먹으면서 고수레를 할 때면 오산댁 (고조모님 택호)네 전답 되어달라고 빌었다고 전해져 내려왔었다. 증조할아버지께서는 임실군 청웅면 구고리에 삼화학교를 설립하여 후학양성에도 노력 하셨다. 동학혁명과 3 · 1 독립운동 그리고 무인 멸왜운동에 전 재산을 헌납하시고 관군과 왜경에 쫓겨 은둔생활을 하시다 돌아가셨다. 그 뒤 할아버지나 아버지께서는 역도 아닌 역도의 후손으로 몰려 마음고생은 물론 가난하여 배우지도 못하고 많은 고생을 하였다고 한다.

아버지는 선조들께서 재산을 물려주지 않은 부분에 대하여 별로 서운해 하지 않으시고 오히려 사회사업에 쓰신 선조들을 존경하고 자랑스러워 하셨다. 증조할아버지가 많은 재산을 동학농민혁명, 독립운동, 학교설립과 사회사업에 쓰신 덕택에 우리집안은 6 · 25 전쟁 때 한 사람도 희생당하지 않았다고 했다. 우리고향 운암은 산간오지여서 휴전 뒤에도 낮에는 우익 밤에는 좌익으로 바뀌는 혼란이 오랜 기간 계속되어 많은 사람들이 희생당했다. 그래서 돈이란 벌고 모으는 것도 중요하지만 어떻게 쓰느냐 하는 것이 더욱 중요하다는 말씀도 자주 하셨다.

그러나 곰곰 생각해보면 억울하기 짝이 없다. 동학농민혁명이나 독립운동에 참여한 사람들의 후손은 친일했던 사람들에게 밀려 배우지도 못하여 가난을 대물림 하면서 살고 있다. 학자들이나 언론사에서 동학혁명이나 독립운동 유공자 후손들의 삶을 재조명해봤으면 한다. 뒤늦게라도 나라에서 역사를 바로 세워 명예를 회복하게 해줘 퍽 다행한 일이다. 이제는 억울하고 손해 봤다는 피해의식은 버려야한다. 오히려 동학농민혁명 과정에서 동학농민혁명참여자들로부터 억울하게 피해를 당한 분들과 그 후손들도 있었을 것이라는 생각이 들어 그분들의 영령을 위로하고 후손들에게 미안한 마음을 가져야 할 것 같다.

굽은 나무

구부러지고 비틀어지고 배배꼬인 기형적으로 생긴 나무들이 수간주사를 맞고 서있는 모습을 부잣집 정원이나 공원 또는 관공서 화단에서 보는 것은 낯설지 않다. 때로는 막걸리를 흥건하게 마시고 취해 바람에 넘어질 까봐 지주 대에 기대고 서있는 모습을 볼 때면 측은하기도하다. 이런 나무들을 볼 때 마다 나는 별로 기분이 좋지 않다. 만약 나무와 대화가 가능하다면 나무들에게 기분이 어떠냐고, 물어보고 싶은 충동을 느낀다. 그렇지 않아도 스스로 구부러진 것만 해도 속상한데 사람들은 자기네들 취향에 맞추느라 더욱더 괴상망측하게 비틀고 휘어서 철사 줄로 꽁꽁 묶어 놓으니 억울하기 짝이 없겠다는 생각이 든다. 같은 산 같은 골짜기에서 비바람 함께 맞고 해 뜰 때면 햇볕 함께 쪼였을 텐데 어떤 나무는 곧게 자란 나무가 있고 구부러지고 비틀어진 나무가 있다. 구부러지고 뒤틀리고 못생긴 나무들은 우리가 잘 몰라서 그렇지 자라면서 한 서린 깊은 사연이 있을 것 같다.

쟁기질이나 달구지를 끌을 때 소에 씌우는 멍에는 곧게 자란 나무로는 만들 수가 없다. 구부러진 나무라야 한다. 그래서일까 구부러지고 뒤틀린 나무들의 모습을 바라보노라면 말로는 표현하기 어려운 숙명 같은걸 느낀다. 굽은 나무는 옛날 같으면 선산을 지켜야 할 운명을 타고난 나무들이다. "굽은 나무가 선산 지킨다."는 속담이 있지 않은가. 나는 이 속담을 싫어했다. 셋째 아들인 나는 초등학교를 졸업한 뒤 진학을 못하고 농사를 지으며 굽은 나무와 내처지가 비슷하다는 생각을 많이 했다.

곧게 자란 나무는 일찌감치 목재로 팔려나가고 굽은 나무들은 거들떠보지도 않았다. 그래서 "굽은 나무가 선산 지킨다."는 속담이 생겨났다. 그러나 요즘은 굽은 나무들도 선산을 지키지 않는다. 적당히 휘어지고 비틀어진 나무는 오히려 조경수로 비싸게 팔려가기 때문이다. 사람들도 마찬가지다. 부모덕에 많이 배운 사람들은 일찌감치 좋은 직장 따라 농촌을 떠났다. 못 배운 사람들은 농사지으며 부모님 모시고 선산 지키며 살았다. 그러나 그때는 농촌에서 부모님 모시고 선산을 지키며 살아도 별로 억울하지 않았다. 농촌에 사람들도 많고 자기만 부지런 하면 농사소득도 괜찮았다. 그러나 정부의 산업화 과정에서 농업부문이 소외되면서 농업소득이 낮아 농민들이 하나둘 농촌을 떠나 농촌이 폐허처럼 변해버렸다. 농촌에서 농사만 지어서는 자녀교육 시키며 살기가 어려운 환경이 되었다.

나도 직장 따라 고향을 떠나 40여년의 세월이 흘러 일흔 살을 바라보는 나이가 되었다. 그러나 긴 세월이 지난 지금도 부모님 모시고 농사지으며 살던 농촌과 고향에 대한 아련한 추억은 항상 그림자처럼 따라다닌다. 굽은 나무도 부잣집 정원에서 주인의 사랑을 받으며 수간주사를 맞고 막걸리를 마시며 호강하는 것처럼 보여도 처음 나서 자란 고향동산이 그리울 것이다. 고향을 떠나 도회지 생활을 하던 사람들의 귀농이 두드러지게 늘어나고 있다고 한다. 반가운소식이다. 귀농하는 사람들이 많이많이 늘어 농촌에 새바람이 일었으면 좋겠다. 그러기 위해서는 그간 정부에서 소외시켰던 만큼 농촌에 관심과 지원이 있어야 할 것이고 주변에서도 귀농하는 사람들에게 관심을 가져 주어야 한다. 지금은 농촌을 지키고 선산을 지켜도 굽은 나무 취급을 받지 않는다. 비록 나는 귀농을 못해도 귀농하는 사람들에게 격려의 박수를 보낸다.

(2012. 3.)

즐거운 하루

우리 여덟 형제 중 넷째 기준이의 회갑을 맞아 형제들과 가족들이 모여 식사를 했다. 기준이가 인사말을 하면서 아버지 어머니가 살아 계셨으면 하는 마음을 간절하게 표현했다. 우리 형제들 마음도 마찬가지였다. 아버지 어머니가 돌아가셔 안계시니까 집안에 경사가 있어 가족들이 모이면 집안 어른들이 생각난다. 나뿐만이 아니라 형제들 모두다 마찬가지인 듯싶었다. 우리 형제들은 생각 난 김에 미루지 말고 다음 일요일 고모님들과 막내 숙부님을 찾아뵙자고 했다. 2010년 1월 17일 우리 여덟 형제 중 다섯 형제가 모여 고모님들과 숙부님을 찾아 나섰다.

큰고모가 계시는 전주시 근교의 요양원을 찾았다. 요양원은 깨끗하고 따뜻했다. "고모님 나알겠어요? 나, 기창이에요" 하고 큰형님이 인사를 하니까 "기환이? 알지."하신다. 올해 몇 살이냐고 물으니까 모른다고 해서 모두 웃었다. 큰형님 아명과 호적이름까지 구분하여 기억하는 고모가 나이는 모른단다. 너무 오래 살아서 부끄럽다고 하셨다. 그리고는 너희들도 나이를 많이 먹었겠다고 하여 또 웃었다. 고모는 올해 백 살이다, 100살의 연세에도 기억력은 다소 흐린듯하지만 우리형제들 이름을 다 부르기도 하고 일가친척들의 안부를 묻기도 하셨다. 요양보호사들에게 옛날이야기도 많이 해 주고 고모부가 멋쟁이였다고 자랑했다고도 한다. 고모는 젊었을 때의 예쁘고 정갈한 모습 그대로였다.

장수군 산서면에 살고 계신 둘째 고모 댁엘 갔다. 둘째 고모는 마을회관에 놀러 가시고 안 계셨다. 고모는 4대가 한집에서 살고 계신다. 고모를 모시고 사는 형님 내외와 손자, 손부는 물론 증손자들의 효성이 지극하다고 한다. 우리형제들이 왔다는 기별을 받고 외출했던 형님도 오시고 고모도 오셨다. 고모는 우리 아버지 바로 아래 동생으로 금년 아흔 세 살이다. 연세에 비하여 정정 하시다. 집안 대소사를 다 챙기신다고 했다. 내일이 제산데 시장에 가서 제사 장보기를 해왔다고 하니 가히 짐작 할만 했다. 큰 고모한테 다녀서 왔다고 했더니 무척 반가워 하셨다. 반가워하는 모습에서 형제 자매간의 깊은 정이 흐름을 느낄 수 있었다. 고모가 점심을 준비한다고 했지만 고창에 살고계신 넷째 고모와 막내 숙부님도 찾아뵈어야 한다고 극구 사양하고 고창을 향했다. 서운해 하시며 점심도 안 먹고 가려면 뭐하려고 왔느냐는 고모의 말씀이 오래도록 귓전을 맴돌았다.

지금 고창에 살고 계신 넷째 고모는 임실군 신평면 대리에서 살았다. 그래서 우리들은 대리 고모라고 부르기도 하고 교장선생님이라 부르기도 한다. 왜 교장선생님이라고 부르는지는 잘 모른다. 그러나 집안 어른들이나 조카들 모두 교장선생님하면 대리 고모를 부르는지 안다. 대리 고모는 원불교 교무인 딸과 함께 살고 계신다. 여든 여섯인 고모는 조카들에게 안부전화도 하시고 책도 읽으시며 원불교에서 즐겁게 생활하신다. 무릎과 허리가 불편하여 걸음걸이가 부자연스럽게 느껴졌다. 고창에서 특별하게 담근 복분자 고추장 선물도 주셨다.

전주시 효자동에 살고 계신 막내 숙부님은 여든 세 살인데 70대 초반처럼 활기차게 생활하시고 숙모님도 건강하시다. 마침 일요일이어서 손자들이 찾아와 집안이 화목하고 행복하게 보였다. 숙부님과 숙모님께 하루 일정을 이야기 했더니 쉬운 일 인성 싶어도 쉽지 않은 일을 했다고 칭찬 해주셨다. 고모들이 건강하게 오래 사는 모습을 보고 곰곰 생각해보니 우리 고모들이 건강하고 장수하는 비결은 부지런하고 근면 성실한 생활과 나눔의 아름다운 마음씨 때문이라는 생각이 들었다. 고모들은 생활도 유족한 편이 아니었다. 슬하에 자녀들과 가족들도 많았다. 친정 조카들도 수가 20명이 넘는다. 그런데도 고모들 마다 친정 조카들에게 인정을 많이 베푸셨다. 많은 것은 아니지만 마늘 한 접 혹은 애호박 하나라도 조카들에게 못 주어서 안타깝게 생각하는 고모들이었다.

아침 일찍부터 서둘렀지만 네 곳을 다니다 보니 하루해가 저물었다. 그냥 헤어지기 섭섭하다고 다섯째 동생 기옥이가 집에 가서 저녁 식사를 하자고 했다. 점심도 대접받았는데 저녁까지 기옥이 동생 집에서 했다. 음식도 푸짐하고 맛있는 술도 곁들여 저녁식사를 포식했다. 식사를 한 뒤에는 오랜만에 형제들과 고스톱도 치면서 밤늦도록 옛날이야기에 빠져 시간가는 줄도 몰랐다. 열두시가 다 되어서야 헤어졌다. 밀린 숙제를 마친 학생들처럼 우리형제들 모두 마음 흐뭇해했다. 즐겁고 보람된 하루였다.

아내와 나는 죽마고우

40년 전 오늘은 눈이 소담스럽게 내렸다. 이른 새벽 어머니가 정성껏 지어준 한복차림으로 눈을 맞으며 집안 어른들과 우인대표들을 대동하고 혼인길에 나섰다. 혼인날 눈이 내리면 잘 산다는 속설이 있었다. 그래서 눈이 내리고 날씨도 추웠지만 혼인길 발걸음은 가벼웠다. 아내의 집 마당에서 전통식으로 혼례를 올렸다. 요즘 예식장의 혼례식보다 격조도 높고 정겹고 추억거리도 많았다. 가끔 혼례식장에서 우인대표들이 읽었던 축사와 처남이 읽은 답사를 들추어보면 그 옛날의 추억이 새롭고 웃음이 절로 난다. 축의록을 보면 더욱 재미가 있다. ○○○ 국수 1속, ○○○ 계란 10개 간장 1병, ○○○ 찹쌀 1말, ○○○ 인형 1점, ○○○ 거울 1점, ○○○ 탁상시계 1점, ○○○ 풍경화 1점, 40년 전

부담 없는 이웃 간의 축하선물이 더욱 정겹게 느껴진다.

나는 스물여섯 살 새신랑이었다. 농사를 지을 땅이 그리 많은 것도 아니고, 농사일을 잘하는 것도 아닌 어정쩡한 농사꾼으로 별 볼일 없는 신랑감이었다. 그러나 이모님의 중매로 우리는 맞선 한 번 보고 1972년 2월 26일(음력 1월12일) 혼인했다. 혼인 뒤 부모님 모시고 농사를 짓다가 지방공무원 공개경쟁시험에 합격하여 발령지로 이사를 하면서 분가했다. 그 시절은 나뿐만이 아니라 누구나 대부분 신접살림은 셋방살이부터 시작했다. 부자는 아니어도 어린 시절부터 크고 좋은 집에서 살다가 남의 집 셋방살이를 하면서 시련도 많았다. 연탄가스에 중독되어 온 가족이 사경을 헤매기도 했다. 둘째아들 중용이를 낳고는 이레도 지나지 않았는데 집주인이 방을 비워 달래서 하는 수 없이 이사를 하면서 섭섭했던 감정은 오래도록 잊히지 않았다.

그러나 작은 봉급으로도 아내가 알뜰하게 살림을 꾸려 저축도 하고 살림살이도 하나씩 늘어났다. 공무원이 된지 2년이 지나서야 자전거를 샀다. 그때 생활형편으로는 큰돈을 주고 산 귀한 물건이었다. 출장을 다녀와서는 깨끗하게 닦아 기름칠하여 밤이면 이슬도 맞지 않게 처마 밑에 세워두었다. 출장길에 냇물을 건널 때면 어깨에 메고 건넜다. 선풍기도 사고 TV도 샀다. 아무것도 없이 시작한 신접살림이지만 하나하나 살림살이가 늘 때마다 우리가족은 행복했다. 냉장고를 사놓고 아내는 전기료가 걱정되어 한여름에 몇 개월 켜고는 추석만 지나면 꺼버렸다. 나와 아이들이 불평하면 아내는 내년 여름에는 일찍 냉장고에 시원한 음료수를 가득 넣어 둘 테니 마음껏 꺼내 먹으라며 우리를 달랬다. 아이들과 나는 속는 줄 뻔히 알면서도 행복해했다.

아내의 알뜰함에 가끔 불만이 있을 때도 있었지만 지금 생각해 보면 코끝이 찡해진다. 아내는 일을 하고 싶어 했다. 그러나 나는 당신이 집에서 아이들 잘 키우고 알뜰하게 살림하는 것이 돈을 버는 것보다 더 중요하다고 간곡하게 설득했다. 아내의 뒷바라지 덕택에 나는 집안일 걱정 않고 직장에만 전념할 수 있었다. 아이들도 건강하고 바르게 성장했다. 셋방살이 13년 동안 열 번이나 이사를 다녔다. 1986년에 작은 연립주택을 샀다. 이사하던 날, 부모님과 형제들은 물론 다정한 친구들을 초청하여 집들이도 했다.

그렇게 고생고생하면서 살았어도 아내는 중매를 선 이모님을 미워하는 눈치는 아니다. 이모님 댁에 무슨 일이 있으면 나보다 오히려 더 챙긴다. 가끔 아내에게 다음 생애에도 부부로 만날까 하고 물으면 부부로 만나는 건 싫고 친구로 만났으면 좋겠다고 한다. 다음 생애 부부로 만나기 위해서는 내가 좀 더 잘해야 할 것 같다.

이제는 두 아들 모두 가정을 이루어 분가하고 우리부부 둘만 남았다. 검은 머리가 파뿌리처럼 되었다. 정년퇴임 뒤 별다른 활동을 하지 않아 아내와 함께 있는 시간이 많아졌다. 그래서 아내와 나는 죽마고우竹馬故友가 되었다. 죽마고우의 개념이 바뀌었다고 한다. 요즘의 죽마고우란 죽도록 마주 앉아 고스톱을 치는 우정이라고 한다. 아내와 함께 즐기는 취미가 있어서 좋다. 우리는 내일도 모레도 죽마고우로 살 것이다.

(2012. 2. 3.(음력 정월 12일))

걸음마연습

"어머니 재현이 걸음마 연습 좀 해요?"

"아버지 재현이 요즘 어째요?"

서울에 사는 큰아들 내외의 안부 전화다. 돌이 지나도 서지 못하는 재현이가 걱정되어 며느리와 아들은 전화 할 때마다 안타깝게 묻지만 재현이는 아직도 걸음마 연습을 하지 않는다. 나 또한 은근히 걱정이 되어 아내에게 소아과나 정형외과에 가보라고 하면 아내는 아기를 키워본 경험이 많아서인지 걸음마는 다소 늦는 편이 오히려 더 좋다고 하면서 별로 걱정을 하지 않아 나는 퍽 안타깝다.

아들 내외의 안부전화를 받으면서 가정의 풍속도 많이 바뀐 것을 실감한다. 나는 결혼해서 부모님과 함께 살면서 아들을 낳아

기쁘기는 해도 내색도 못했다. 가끔 칭얼거릴 때 또는 예쁜 짓을 할 때면 안아주고 싶은 생각이 간절해도 어머니가 아기 좀 안아주라고 몇 번 권해야 못이긴 체 하면서 안아주곤 했었다. 그렇게 하는 게 어른들 앞에서 자식 사랑하는 법도라고 생각했기 때문이었다.

결혼하여 석 달 쯤 인가 지난 뒤 아내가 친정엘 가고 싶다고 해서 부모님의 허락을 받아 아내와 함께 처가에 다녀왔었다. 지금은 그것을 추억거리로 회상하면서 이야기하기도 한다. 결혼 한지 석 달도 안 된 신부가 친정엘 가고 싶다고 하니 그 시절 우리 집 분위기로는 쉽지 않은 일이었다. 요즘 신세대들은 이해 못 할 것이다. 그러나 부모님과 함께 살면서 새 며느리가 친정 나들이를 한다는 게 간단한 일이 아니었다. 며칠을 생각한 끝에 어느 날 부모님과 함께 저녁식사를 즐겁게 하는 자리에서, “어머니, 시집 온지 얼마 되지도 않은 사람이 친정엘 가고 싶다고 하는데 어쩌지요?” 하고 물었더니 어머니께서는, “그래 내가 미처 못 챙겼구나.” 하시면서 인절미랑 몇 가지 음식들을 마련해 주셨다. 그래서 아내와 나는 처가엘 가면서 모처럼 둘만의 시간을 가질 수 있어서 퍽 행복해 했고 어머니의 따뜻한 사랑을 가슴깊이 느꼈었다.

재현이는 태어날 때 건강하게 출생했으나 병원에서 의사의 실수로 산모가 환자가 되어 신생아 때 엄마와 함께 어려움을 겪어 그때만 생각하면 지금도 마음이 찡하고 속이 상한다. 통상적으로 산부인과에서는 어린애를 출산하기위해 입원하면 ‘산모’라고 하지 ‘환자'라고 하지 않는다. 그런데 우리 며느리는 어린애를 출산하고 산모가 아니고 환자로 병원에서 3개월이 되어서야 퇴원을 하였으니 본인은 물론 양가 가족들 모두가 마음고생이 이만저만이 아니었다. 담당의사는 자기의 실수에 대한 보답으로 최선을 다하는 모습이었지만 나는 너무 억울하고 속이상해 밤이면 잠을 이루지 못하고 해당 병원과 담당의사에게 책임을 물으려고 마음을 단단히 먹었었다. 그런데 천사 같은 며느리와 후덕한 사돈 내외의 깊은 신앙심의 배려로 담당의사는 물론 그 병원도 큰 상처 입지 않았다.

태어나서부터 어려움을 겪기는 했지만 재현이는 실팍하고 건강하게 외가에서 외할머니와 외할아버지의 사랑을 듬뿍 받으면서 자라다가 작년8월 우리 집으로 왔다. 막 와서부터도 할머니의 지극정성을 아는지 별로 낯설어하지도 않고 방긋방긋 웃으며 재롱도 부리고 적응을 잘해서 퍽 다행이었다. 그래도 가끔 해질 무렵이면 엄마가 그리워 칭얼거리는 모습을 보면 가슴이 시리기도 했다. 나는 직장생활을 하다가 정년퇴임을 한 뒤 그간 못 받은 아내의 사랑을 받을까 기대했었는데 손자들에게 빼앗겨 다소 섭섭하긴 해도 손자들의 재롱과 커가는 모습을 보는 재미도 쏠쏠하다.

서울에서 직장에 다니는 아들과 며느리는 직장일이 바쁜 관계로 2-3주 만에 주말이면 오는데도 제 어미는 어쩌면 그리도 잘 알아보고 반기는지……. 모자지간의 깊은 정을 확인이라도 시켜주려는 듯 제 엄마가 오면 그간 보살펴준 할아버지는 물론 할머니까지도 별로다. 처음에는 제 어미를 몰라보면 어쩌나 걱정했었는데 그런 걱정은 안 해도 될 성싶다. 3주가 아니라 1년을 떨어져 살아도 제 어미를 몰라 볼 것 같지는 않다. 부모자식 특히 어머니와 자식간의 정은 말이나 글로 표현하기 어려운 무엇이 있는 것 같다.

그런데 요즘 재현이가 서는 연습과 걸음마 연습을 하더니 뒤뚱뒤뚱 걷기를 시작해 우리 가족들을 모두 즐겁게 한다. 태어난 지 15개월이 되어서야 걸음마를 하니 여간 기다린 게 아니다. 아내는 며느리와 전화를 하면서 재현이가 기어 다니는 것을 잊어버렸다고 해서 한참을 웃었다. 나는 큰손자 재경이는 커서 학자가 되었으면 좋겠고 둘째 재현이는 장군이 되었으면 하여, 큰손자는 학자라고 부르고 재현이는 장군이라 부른다. 손자들의 커가는 모습을 보면서 우리부부도 늙는다는 것을 실감하기도 하지만 손자들이 무럭무럭 자라는 모습은 여간 대견스럽지 않다. 재현이는 기어 다니는 것을 잊어도 되지만 우리부부가 걸어 다니는 것을 잊기라도 하면 큰일 아닌가, 사람은 누구나 늙어갈수록 걸음마 연습은 끊임없이 해야 할 것 같다.

(2008. 8.)

더 이상 떨어지지 않았으면

우스갯소리 잘하는 문우가 술자리에서 한 이야기를 듣고 쓴웃음을 지었던 생각이 난다. 백수가 된 친구가 병원에 입원했다기에 문병을 가서 까닭을 물었더니 점심밥을 차려달라고 했다가 아내한테 맞았다고 하더란다. 친구 옆에 누워있는 70대 노인은 외출하는 아내더러 어디 가느냐고 물었다가 맞았다고 하고, 80대 노인은 새벽에 눈 일찍 떴다고 맞았다는 것이었다. 입원환자 시리즈다.

어떤 친구는 아내의 잔소리 때문에 화장실에서 앉아서 오줌을 눈다고 해서 웃었다. 남녀가 늙어서 필요한 것이 무엇이냐고 물으면, 남자들은 첫째 아내, 둘째 건강, 셋째 돈, 넷째 친구, 다섯째 일이나 취미라고 한다. 어떤 사람은 첫째 아내, 둘째 마누라, 셋째 집사람, 넷째 애들 엄마, 다섯째 와이프라고도 한다. 반면 여자들은 첫째 돈, 둘째 딸, 셋째 건강, 넷째 강아지, 다섯째 친구란다. 늙은 남편들은 아내가 없어서는 안 된다고 생각하지만, 늙은 아내들은 남편쯤 안중에도 없다. 오히려 늙어서 제일 필요치 않은 것이 남편이라고 한다.

간 큰 남자 시리즈도 있다. 아내에게 걸려온 남자전화를 바꿔주며 누구냐고 묻는 남자, 꼬박꼬박 말대꾸하는 남자, 아내한테 밥 차려달라고 하는 남자, 외출하고 돌아온 아내에게 어디 갔다 오느냐고 묻는 남자, 아내가 연속극을 보는데 바둑프로그램을 본다며 채널을 돌리는 남자들이란다. 우스갯소리려니 하고 치부하면서도 다소 씁쓸한 생각이 든다.

남편과 아버지의 권위가 나락으로 떨어지고 있다. 어머니의 권위만 있고 아버지의 존재가 무시된 편향된 가정은 행복해질 수 없다. 잠시는 행복할 수 있을지 몰라도 그 행복이 지속 될 수는 없다. 요즘 너나없이 민주화를 부르짖다보니 상·하 관계는 무시되고 수평관계가 미풍양속인 양 생각하는 경향이 많다. 가족들 모두가 평등하지만 평등을 내세워 아버지의 권위를 무너뜨리면 안 된다. 가정이 바로서야 사회가 바로 선다. 밥상머리에서 어머니들이 자녀들에게 웃어른을 공경하고, 고마워할 줄 아는 예절과 인성교육을 잘 시켜야한다.

옛날 어머니들은 맛있는 음식을 만들거나, 이웃이 먹을 것을 가져와도 아버지가 안계시면 아버지가 오신 뒤에 함께 먹도록 했다.

아버지가 출타하여 못 돌아오실지 알면서도 밥솥에서 밥을 풀 때면 으레 아버지 밥부터 담았다. 그런데 요즘은 아이들이 우선이다. 냉장고에 있는 맛있는 음식을 먹는 우선순위가 1번이 아들이고 다음은 강아지란다. 아버지는 아이들과 강아지가 먹다 남은 음식을 먹는 게 요즘 가정의 풍속도라니 어안이 벙벙하다. 이렇게 어머니의 그릇된 편견에서 자란 아이들은 아버지를 존경할 줄 모른다. 아버지의 권위가 실추된 가정에서 성장한 아이들은 직장이나 사회에서 적응하기도 힘들 것이다. 그리되면 가정도 무너지고 사회도 무너진다. 부부간에 서로 존중하고 부모는 자녀들을 사랑하고 자녀들은 부모를 존경하는 가정이 정상적인 행복한 가정이다.

그러기 위해서는 아버지들도 변해야 한다. 옛날 우리가 젊은 시절에는 남자들이 가정사의 잔잔한 일에 관심을 갖는 사람은 모자란 사람 취급을 당했다. 할머니나 어머니들이 부엌이나 음식을 만드는 곳에는 얼씬거리지도 못하게 했다. 이런 환경에서 자란 나는 가정사는 할 줄 아는 게 아무것도 없다. 그러나 정년퇴임을 한 뒤 집에 있는 시간도 많고, 그간 박봉에도 불평 한마디 하지 않고 알뜰하게 살림을 꾸려온 아내의 노고를 생각해서 가사를 도우려고 노력한다. 그러나 아내는 웬만한 일은 아예 손도 못 대게 한다. 김장이나 큰일을 할 때면 아예 집에서 나가주었으면 한다. "무엇을 도와드릴까요?" 하면 당신은 일을 잘 저지르니 겁이 납니다. 가만히 있는 것이 도와주는 셈이니 가만히 계시라고 한다. 그러나 세상이 많이 변했다. 지금은 여성들의 직장생활이나 사회참여도 남성들과 동등해졌다. 이제는 가정에서도 역할을 분담해야한다. 사회나 가정의 환경이 변한만큼 의식도 변해야한다. 남자들이 가사 일을 분담한다고 권위가 실추되지 않는다. 오히려 가사 일을 잘하는 남자들이 인기 있는 사회가 되었다. 남자들의 의식구조가 바뀌고, 부부간에 서로 존중하면서 살면 가정에서 아버지의 권위가 더 이상 떨어지지는 않을 성싶다.

(2011. 11. 26.)

열세 번째 이사

바둑에서는 무조건 집이 많아야 이기고 집이 있어야 산다. 집이 없으면 최후에는 죽는다. 집 없는 놈과 집 있는 놈은 싸울 수가 없다. 유·무가 불 상전이라 한다. 집 없는 설움은 바둑뿐만이 아니라 우리네 인간사에서도 마찬가지다. 그러나 우리가 살아가는 데는 집이 사람보다 크면 사람이 상한다고 한다. 과하면 부족한 것만 못하다는 말일 것이다. 그런데도 재벌급 건설회사가 대형 고급아파트 건설에 경쟁하는 모습을 보면 마음이 씁쓸해진다.

어린 시절에는 부자는 아니었지만 크고 좋은 집에서 살았다. 우리 동네에서 제일 크고 잘 지어진 집이었다. 집이 크고 좋아서 폼은 났지만 귀찮은 일들도 많았다. 어머니는 항상 사람이 집을 누르고 살아야지 집한테 사람이 치이면 안 된다고 말씀 하시면서 집안팎의 청결과 정리 정돈을 잘 하셨다. 특히 여름철이면 뒤뜰이나 마당 구석진 곳 또는 담벼락 밑에서라도 잡초가 자라거나 거미줄이 쳐지지 않도록 항상 신경을 많이 쓰셨다. 그래서 우리 형제들은 청소구역을 정하여 청소와 정돈을 잘했다. 여름이면 대청마루 청소는 서로 하려고 했다. 큰 마루는 그럴만한 이유가 있었다. 저녁이면 아버지 친구들이 놀러 오시는데 아버지 친구 분 중 홍윤표 어르신은 마루청소를 항상 반질반질하게 깨끗이 잘한다고 칭찬을 하면서 간혹 용돈을 주셨기 때문이다.

큰 집을 관리 하면서 살기란 쉽지 않았다. 여름 장마가 지나면 장마에 씻겨나간 마당구석구석에 황토를 파다 메우고, 마당을 다져야하며 여름이 지나면 문을 바르는데도 여간 공력이 드는 게 아니었다. 가을이면 이엉을 만들어 이어야하고 또 명절 때면 집안 곳곳에 등불을 밝히는데도 손이 많이 갔다. 그러나 어린 시절 크고 좋은 집에서 살았던 기억은 아름다운 추억으로 남아있다.

결혼하여 부모님과 함께 살다가 1973년 7월 공무원시험에 합격하여 첫 발령을 임실군 덕치면사무소로 받았다. 부모님 곁을 떠나 아내와 큰아들 석용이와 세 식구가 남의 집 행랑 간 셋방을 얻어 이사를 했다. 이때부터 셋방살이를 전전하면서 겪었던 불편은 헤아릴 수 없었다. 지금은 추억거리로 이야기 하지만 그 시절에는 큰 어려움이었다. 겨울이면 윗목에서 숭늉이 얼어붙을 때도 있었고 연탄가스를 마시고 가스중독으로 온가족이 사경을 헤매다 살아난 일도 여러 번 있었다.

어떤 집 주인은 아침에 주인이 사용하기 전에는 우물물을 사용하지 못하도록 하여 일찍 일어나서 세수도 못하고 주인이 일어나 우물물을 사용할 때까지 기다리기도 했다. 저녁에는 밖에 빨래를 널지 못하도록 하는 집도 있었다. 아이들이 주인집 아들과 싸울 때는 난감했다. 주인들의 성격이나 행태도 각양각색 이었다. 대부분 내 사정과는 전혀 관계없이 주인집 사정으로 어쩔 수 없이 이사를 해야 할 처지였지만 이사를 너무 많이 다니다보니 창피하고 부끄러운 생각이 들 때도 많았다. 우리또래 공직자들은 대부분 나와 비슷한 애환을 겪으며 살았다.

아는 선배 한분은 아이들이 다섯 명으로 많았는데 셋방을 얻으러 가서 애들 수를 물어봐 세 명으로 대답하고, 이사 할 때는 큰애들 둘은 외가에 맡겨 두었다가 이사를 한 뒤 일주일 간격으로 하나씩 데려왔다고 한다. 나중에 아이들 수가 불어나자 주인이 따져물어 처음에는 조카들이 놀러왔다고 하다가 결국은 주인아저씨에게 술을 사주며 사정했다고 한다. 지금도 술자리에서 이 이야기가 나오면 웃음꽃이 활짝 핀다. 이렇듯 우리세대들은 나뿐만이 아니고 대부분 자수성가하여 젊은 시절에는 셋방살이를 하면서 집주인의 비위를 맞추고 살았다.

셋방으로 전전하다가 1986년 내 나이 마흔 살이 되어서야 스물두 평 연립주택으로 열한 번째 이사를 하였다, 작고 초라한 집이었지만 내 집을 마련하여 이사 하던 그날은 얼마나 기쁘고 행복했는지 모른다. 부모님과 형제들, 그리고 직장 동료들도 초청해서 집들이도 했다. 2008년 정년퇴임을 한 뒤 열세 번째 이사를 하였다. 아내와 나는 여러 가지 생각 끝에 크지도 작지도 않은 우리 부부가 사는데 적당한 규모의 집으로 이사를 했다. 지은 지 15년이 지난 아파트지만 전에 살던 집보다 평수가 다소 넓고 위치도 좋아 우리 부부는 만족하고 있다. 나는 우선 내가 책도 보고 글도 쓸 수 있는 공간이 생겨 더욱 기쁘다. 두 아들은 좀 더 넓은 집으로 이사했으면 하는 의견이었지만 아내와 나는 지금도 판단을 잘 했다는 생각이다.

주부들은 아파트 평수와 가슴의 넓이가 정비례 한다지만 물질적인 풍요만으로 만족을 느끼려면 끝이 없을 것이다. 조그만 성취에도 스스로 만족하면 항상 행복할 것이라는 생각이 든다.

무단가출의 추억

나는 어린 시절 몸도 병약하고 무엇 하나 잘하는 게 없었다. 말도 늦게 했을 뿐만 아니라 발음이 확실치 못하여 초등학교시절 친구들의 놀림감이 되기도 했었다. 내 위 두 형들은 어린 시절 무병하고 건강하게 자랐다고 한다. 그런데 나는 갓난아기 때 병치레를 자주하여 부모님이 마음고생을 많이 하셨다고 한다.

6·25 때 피난 갈 때 나는 외가에 맡기고 형들하고 동생은 업고 피난을 갔다고 한다. 이모들이나 외숙들은 내가 어른이 된 뒤에도 외가에서 자라면서 병치레를 많이 하고 잘 울어 외할머니는 물론 이모들을 고생시켰다는 이야기를 자주 하셨다. 초등학교 시절 운동회 때 공책이나 연필 한 자루도 받은 일이 없었다. 소풍을 가서도 보물찾기에서 한 번도 보물을 찾아본 기억이 없다. 이렇듯 나는

옛날이나 지금이나 매사에 변변치 못했다.

초등학교를 졸업하던 해에 중학교 진학을 시켜주지 않아 무단가출을 했었다. 큰형은 대학교를 다니고 바로 손위 형은 고등학교에 보내면서 나는 중학교에 보내주지 않고 집에서 농사일을 하라니 너무도 억울했다. 중학교 교복을 입은 친구들을 보면 그렇게 부러울 수가 없었다. 그래서 그해 봄 무작정 서울행 완행열차를 탔다. 서울에 가면 무슨 수가 생기려니 하고 서울에 갔으나 꿈에 그리던 서울이 아니었다. 서울역을 하숙집처럼 생각하고 밤이면 서울역에서 자고 낮이면 취직자리를 찾아 다녔다. 그때는 약국에서 심부름하는 고학생들이 많았다. 나도 약국 일자리를 찾기 위해 매일 약국을 누볐지만 약국 일자리는 찾기가 어려웠다. 중국집은 일자리를 얻을 수 있었지만 포기했다.

그 시절 유행했던 "앵두나무 우물가에 동네처녀 바람났네."란 유행가 가사는 시대상을 잘 나타낸 노랫말이었다. 서울역에는 나와 엇비슷한 또래 애들은 물론 청년들도 많았었다. 앵두나무우물가에서 바람난 이쁜이도, 금순이도, 석유등잔 사랑방에서 바람난 삼돌이도 복돌이도 단봇짐을 싸 서울로 모여들던 시절이었다. 그래서인지 내가 바라는 취직자리가 생기지 않았다. 집에서 가지고간 콩두 가마 값이 바닥났다. 서울에 가서 취직하여 야간 중학교에 다니려는 꿈이 무참히 깨져버렸다.

어쩔 수 없이 내종형님을 찾아갔다. 형님과 형수님은 무척 반가워 하셨다. 형수님은 눈물을 보이시기도 했다. 서울에 왔으면 진즉에 찾아 올 것이지 헛고생을 했다고 하면서 아버지가 형님에게 보낸 편지를 보여 주었다. 편지 내용은 무단가출한 내가 그곳에 찾아가면 용돈도 넉넉하게 주고 서울 구경이나 잘 시켜 집으로 내려보내라는 내용이었다. 나는 형님과 형수님이 너무도 따뜻하게 대해 주시고 용돈도 주고 옷도 사주셔서 매일 서울 구경을 다녔다. 50년 전의 서울은 구경거리가 많지는 않았다. 전차나 시내버스를 타고 시발지에서 종점까지 가보기도 하고 남산이나, 창경원에도 가봤다. 그러나 마냥 서울에서 놀고 지낼 수만은 없었다.

염치는 없지만 별수 없이 고향 행 완행열차에 몸을 실었다. 집에 돌아오면서 어머니 아버지를 무슨 낯으로 대할 것인가 걱정이 태산이었다. 집에 돌아와 어머니를 부르며 대문을 들어서니 어머니는 아무 말도 못하고 나를 안고 울기만 하셨다. 나도 많이 울었다. 울면서 어머님이 하신 말씀이 지금도 잊혀 지질 않는다. "너는 집을 나가서 어머니나 가족들의 얼굴이 떠오르지도 않더냐?" 그날 밤 아버지는 늦게 들어오셨다. 나는 아버지가 들어오신 줄 알면서도 잠든체하였다. 아침에 일어나 인사를 드렸다. 아버지는 아무말씀도 안하시고 그래 서울 구경은 잘했냐고 물으셨다.

역사나 인생사를 가정해서 생각한다는 것은 일고의 가치도 없는 일이지만 그때 서울에서 중국음식점에라도 취직해서 어려움을 극복했더라면 현재 나의 인생은 어떤 모습 일까? 요즘 서울에 갈 때면 간혹 혼자 상상해보며 어린 시절 아름답지 못했던 추억이 떠올라 쓴웃음을 짓는다.

있을 때 잘해

"있을 때 잘해"는 대중가요 제목이 아니다. 저녁 식사와 함께 술을 마시면서 친구가 한 말이다. 이 말을 한 친구는 나라의 고위공직자로 정년을 마치고 이곳저곳에 초청을 받아 강의도 하고 지역사회에 봉사하면서 여유롭고 행복한 생활을 하고 있다. 그러던 어느 날, 그의 아내가 심근경색으로 갑자기 세상을 떠났다. 금실琴瑟 좋게 살다가 느닷없이 상배를 당하여 상처가 깊은 모양이었다. 갑자기 세상을 떠나서인지 금방이라도 전화가 걸려와 "일찍 들어오세요. 술 조금만 잡수세요."하고 바가지를 긁을 것 같은 생각이 들기도 하고, 평소 좀 더 잘해주지 못한 생각만 난다며 실의에 빠져 도통 헤어나질 못한다. 퍽 안타까운 생각이 들어 위로 한답시고 가끔 술자리를 하지만 오히려 상처만 건드리는 건 아닌지 여러 가지로 걱정이다.

친구와 함께 술을 마시고 돌아온 날 밤, 친구의 짧은 한마디 "있을 때 잘해" 가 귓전을 맴돌아 한 숨도 못 잤다. 그 말은 요즘도 계속 귓전을 맴돌며 나를 괴롭힌다. 아내에게 뿐만이 아니라 누구에게라도 있을 때 잘해야 함은 마땅한 일이다. 그러나 이를 실천하기는 쉽지 않다. 수욕정이水浴淨而나 풍부지風不止하고 자욕양이子欲養而나 친부대親不待라는 고사성어가 생각난다. 나무는 고요히 있고자 하나 바람이 그치질 않고, 부모에게 효도하고자 하나 부모가 기다려 주지 않는다는 뜻이다. 맞는 말이다. 부모님이 돌아가신 뒤에야 실감할 수 있지 않던가?

내 서재 책상 앞에 어머니와 아버지 사진을 나란히 모셨다. 사진 밑에는 연꽃사진 액자를 걸어 놓았다. 방에서 들며 날며, 컴퓨터를 하다가도, 독서를 하다가도, 누워서 잠을 자다가도 눈만 들면 어머니 아버지를 바라볼 수 있어서 볼 때마다 마음이 흐뭇하다. 그러나 간혹 죄스런 생각이 들기도 한다. 살아계실 때는 정작 바쁘다는 핑계로 자주 찾아뵙지 못했다. 아버지 살아계실 때 바둑 한 수라도 더 두고, 어머니와 매실주라도 한 잔 더 마시며 말벗이 되었으면 하는 후회를 한다. 부모님뿐만 아니라 친구들도 마찬가지다.

정년퇴임 뒤 친한 친구들이 여러 명 세상을 떠나 아쉽기 그지없다. 동갑내기로 같은 직장에서 평생을 함께 근무했던 친구 일봉이가 정년퇴임 뒤 1년 남짓 살다가 저 세상으로 갔다. 초등학교 동창으로 고향을 지키며 고향의 큰일은 도맡아 하던 복동이도 세상을 떠났다. 신평면장 시절 신평면소재지 이장을 하던 태봉이는 성실하고 마음씨도 좋은 동갑장이여서 친하게 지냈는데 그도 세상을 떠났다. 함께 살면서 신세를 많이 진 친구들인데 살았을 적에 소주잔이라도 한 번 더 기울이며 정답게 지냈어야 할 친구들이다. 저승에는 주막집도 없다는데 이제는 소주잔을 기울이고 싶어도 영원히 기회가 없을 듯하다.

가까운 사람일수록 잘해야 하는데 정작 소홀히 하는 경우가 더 많다. 공기와 물이 항상 풍부하고 별다른 노력 없이 얻어지는 관계로 소중함을 모르고 산다. 아내의 역할도 마찬가지다. 요즘 들어 친구의 아내들도 하나둘 세상을 떠난다. 상배를 당하여 망연자실한 친구들을 보며 아내에게 잘해주어야겠다는 생각을 자주 한다. 아내와 나는 이모님의 중매로 1972년 2월 26일 결혼했다. 결혼당시 나는 직업도 없고 그렇다고 농사일도 잘하는 게 아니어서 별 볼일 없는 신랑감이었다. 그래도 아내와 나는 맞선 한 번 보고 결혼했다. 결혼 뒤 농사를 지으며 부모님을 모시고 살다가 공무원시험에 합격하여 발령지로 이사를 하면서 분가했다.

지금도 미친가지지만 공무원의 봉급이 너무 적었다. 그러나 적은 봉급으로 아내가 알뜰하게 살림을 잘 해주어서 나는 살림살이 걱정을 않고 살았다. 직장에는 충실했지만 가사에는 전혀 무관심했다. 정년퇴임 뒤 집에 있는 시간이 많아 가사를 좀 돌봐주려 해도 아내는 당신은 가만히 있는 게 도와주는 것이라며 웬만한 일은 아예 손도 대지 못하게 한다. 그래도 요즘은 무엇이든 아내에게 도움을 주려는 마음을 항상 갖고 있다. 그러나 마음뿐 실천이 잘 되지 않는다. "있을 때 잘해", 짧지만 퍽 가슴을 파고드는 명구임에 틀림없다. 제일 가까운 아내와 가족은 물론, 일가친척, 친구 그리고 지역사회에도 있을 때 잘해야 되겠다고 다짐하고 또 다짐해본다.

(2011. 12. 26.)

회초리

세 살 박이 손자 재현이가 요즘 부쩍 떼가 늘었다. 저녁이면 간혹 제 엄마가 보고 싶어서인지 괜한 트집을 잡아 떼를 쓴다. 나는 일부러 모른 체 하지만 아내는 어쩔 줄 모르고 안타까워한다. 그런 모습을 볼 때마다 내일은 모악산에 가서 산신령님께 고하고 나긋나긋한 싸리나무 몇 주 베어다가 회초리를 만들어야겠디고 다짐한다. 그러니 날이 새면 어린것이 제 엄마와 떨어져 항상 엄마를 그리는 애틋한 모습이 눈에 떠올라 이내 마음이 약해져 아직까지 회초리를 만들지 못했다.

그런 할아버지나 할머니의 심리적인 약점을 알았는지 어린양이 날로 느는 것 같다. 옛날에는 미운 일곱 살이었는데 요즘은 미운 세 살 이라고 한다더니 딱 맞는 것 같다. 이제 겨우 세 살 인데 제법 말도 잘하고 재롱이 보통이 아니다. 온갖 재롱을 부리다가도 심술이 나면 뻔히 알면서 떼를 쓴다. 그러나 제 엄마나 아빠가 오면 금방 철이 다 든 것 같다. 할아버지 할머니와는 잠자려면 으레 수건포대기를 옆에 끼고 할머니한테는 등을 다독거려달라고 하고 할아버지한테는 물고기가 그려진 부채로 부쳐달라고 한다. 그리고는 야쿠르트를 달라고 하면서 안주면 떼를 쓴다. 그런데 제 엄마 아빠가 야쿠르트 먹으면 이빨이 썩는다고 안 주면 "엄마, 야쿠르트 먹으면 이빨 썩어?" 하곤 아무 말 없이 조용히 잠든다. 제 엄마 아빠한테는 잘 따르고 어리광을 부리면서도 조금 어려워하는데 할아버지 할머니는 만만하다.

할머니나 할아버지가 기른 애들이 버릇이 없다고 하는 말이 맞는 말인 것 같다. 가급적이면 회초리를 만들지 않고 잘 타일러야겠다는 생각을 하지만 정작 어떻게 키우는 것이 올바르게 키우는 것인지 판단이 서질 않는다. 옛날 우리 선조들은 회초리문화가 상당히 발전했었다. 아들을 서당에 보내면서 회초리 만들기 좋은 싸리나무를 한 짐씩 베어다 주면서 아들을 강하게 키워 달라고 당부했다. 서당에서는 학부모들이 베어다준 싸리나무를 회초리로 다 쓰지 못하고 싸리비를 만들어 팔았다, 그 빗자루를 서당 비라 하는데 서당 비는 품질이 좋아 인기가 있었다고 한다.

그런데 요즘은 학교 선생님들에게 회초리나무를 베어다 주기는 커녕 학교에서 수업시간에 잠을 자거나 다른 짓을 해도 선생님이 회초리를 들 생각은 아예 하지도 않는단다. 나무라기 만해도 때로는 학부모가 학교를 찾아와 항의를 하는가 하면, 학생들이 선생님을 희롱하는 일까지 발생한다니 씁쓸한 생각을 저버릴 수가 없다. 우리들이 어린 시절에는 학교에서 선생님에게 꾸지람을 듣거나 매를 맞아도 부모님에게 알려질까 걱정했었다. 부모님이 알면 오히려 부모님께 더 큰 꾸중을 듣기 때문 이었다.

내가 예쁘다고 애지중지 키운 아들딸은 남의 눈에는 살갑게 보이지 않는다는 말이 맞는 말이다. 가정교육이 중요하다. 귀한 자식일수록 부족함의 철학을 가르쳐야 한다. 귀하다고 매사를 해달란대로 다 들어주면 안 된다. 사회에 나가 남들에게 귀한사람으로 대접을 받게 하려면 속은 좀 쓰리더라도 가정에서, 옳고 그름과, 되는 일과 안 되는 일을 엄격하게 가르쳐야한다. 그러기 위해서는 손자를 다스릴 싸리나무 회초리도 만들어야겠지만 먼저 나를 채찍질 할 마음의 회초리를 단단히 준비해야 할 것 같다.

속담은 바뀌어도

골프 연습장에서 있었던 일이다. 그날은 날씨가 으스스 했다. 구름이 약간 끼고 바람이 불어 좀 심란한 날씨를 두고 어떤 여성회원이 오늘 날씨가 화난 며느리 같다고 했다. 내가 '며느리'가 아니고 '시어머니'라고 해야 맞지 않느냐고 물었더니 돌아오는 답변이 걸작이었다. "아저씨, 요즘 시어머니가 며느리 눈치 보는 세상으로 바뀌진지 모르세요? 세상이 바뀌었으니 속담도 바꿔져야지요."라고 말했다. 어쩐지 마음이 무척 씁쓸했었다. 그런데 또 기가 막힌 이야기를 들었다. 요즘 아들만 낳은 사람들은 장애인이란다. 그리고 잘난 자식은 나라의 아들이고 돈 잘 버는 자식은 장모의 아들이고 빚진 자식은 내 아들이란다 아들만 둘인 나는 우습다 못해 황당한 심정이었다.

그러나 나는 오늘 예쁘고 아름다운 새댁을 만났다. 전북대학교 평생교육원 수필 반에서다. 우리교수님은 수업 시작 전에 숙제검사를 하는데 숙제는 칭찬거리를 발표 하라는 거다. 처음에는 좀 어색하기도 하고 쑥스러웠는데 시간이 갈수록 우리 수필 반 모두는 남을 칭찬하는 일을 좋아하며 누구나 칭찬거리를 장만해오고 남이 칭찬하는 내용을 흥미진진하게 열심히 듣는다. 돼지 눈 에는 돼지만 보이고 부처님 눈에는 부처님만 보인다는 말이 있듯이, 나는 원래 마음이 너그럽지 못한 탓인지 칭찬거리 보다는 남들의 잘못한 것이 눈에 자주 띄었다. 그런데 칭찬숙제를 자주하다보니 요즘 내 눈에도 칭찬거리가 눈에 자주 띄어 교수님의 교육방법을 고맙게 생각하는 터이다.

오늘은 교수님이 젊은 새댁더러 숙제를 발표하라고 하니까 새댁은 시아버지를 비롯한 시댁 식구들을 칭찬하는 것이었다. 정말 진실하고도 정감이 가게 칭찬 하면서 시아버지를 존경한다고 하는 그 마음이 예쁘고 아름답게까지 보였다. 말을 들어보니 시아버지도 존경 받을만하지만 시아버지의 마음을 항상 고맙게 받아들인 며느리의 마음이 더욱 아름답게 생각되었다. 요즘 헐뜯고 험담하기 좋아한 사람들 말만 듣고 이시대의 며느리들이 나쁘게 회자되지만 사실은 이 새댁처럼 어른을 잘 섬기고 형제간에 우애하는 착한 며느리들도 많을 것이다.

옛날에는 어른 말을 들으면 자다가도 떡을 얻어먹는다고 했다. 그러나 지금은 아니란다. 농경사회에서는 어른들의 오랜 경험과 지혜가 생활에 그대로 녹아들어 어른들의 말씀은 곧 교과서요 생활의 지침서였다. 밭에서 일하다가 할아버지가 담배를 피우시면서 먼 산 한번 쳐다보고 "애들아 서쪽하늘에 북새가 뜨는걸 보니 곧 비가 내릴 것 같다. 물 건너 닷 마지기 배미에 베어놓은 보리 묶어 들여야겠다." 그 말씀을 따르지 않으면 영락없이 비를 맞히기 일쑤였다. 아기가 보채고 칭얼거리면 할머니가 체했나보다고 하면서 엿기름 갈아 물에 타 먹이면 병이 나았다.

이렇게 할아버지 할머니는 기상통보관도 되고 의사도 되며 무엇이든 잘 아시는 척척 박사였다. 모든 지식과 정보를 다 소유하셨던 것이다. 그만큼 어른들은 권위가 있었고 그래서 어른의 말씀을 안 들으면 행실도 나쁜 사람이지만 현실적으로도 손해를 봤다. 그런데 요즘은 어떠한가. 모든 정보가 인터넷에 다 들어있고 TV와 신문방송이 웬만한 상식과 정보는 다 알려준다. 할아버지 할머니가 알고 있는 정보나 지식은 정확성도 떨어지고 쓸모없이 되어버렸다. 거기다 갖가지 전자제품들이 쏟아져 나오는데 노인들은 그 기기를 작동 할 줄도 모른다. 그래서 노인들은 설자리를 일어버렸다.

우리나라의 노인세대들은 노후문제는 염두에 둘 필요 가 없었다. 그저 자식들만 잘 교육시키고 결혼시키면 자식들이 노후는 책임져줄 것으로 알았다. 일종의 종신보험 이라고나 할까? 그래서 있는 재산 없는 재산 다 팔아 자식들 뒷바라지에 최선을 다했다. 오죽하면 대학을 상아탑이 아니라 우골탑이라고 했을까? 그러나 산업사회가 급격하게 진행되면서 우리가족 제도가 바뀌게 되었다.

자식들이 일자리를 찾아 이리저리 뿔뿔이 흩어져 핵가족화 되고 인간의 평균수명은 길어져 노인들의 수가 계속 증가하고 있다. 그러나 정부나 사회의 노인문제에 대한 대책도 부족하니 요즘 노인들은 어정쩡한 신세가 되고 말았다.

그렇다고 노인들이 신세한탄만 해서는 안 될 것이다. 언젠가 '어느 95세 어른의 수기'를 읽은 적이 있다. 젊었을 때 열심히 일해서 65세 정년 때까지는 당당하게 살았는데 95세 생일 때 30년간 허송세월한일이 후회되어 어학공부를 시작하면서 105세 생일에는 후회하지 않기 위함이라는 내용이었다. "아는 것이 힘이다 배워야 산다." 이는 맞는 말인 것 같다. 늙고 나이 들었다고 뒷짐을 지고 있는 것보다는 새로운 것을 배우고 익히는 노력을 해야 할 것이다. 그래야 변화가 심한 세상에 뒤지지 않을 뿐 더러 젊은 세대들에게도 괄시받지 않을 테니까.

변화란 반드시 필요하다. 속담이 변해도 좋다. 그러나 변하지 않을 것까지 변해서는 안 된다. 그중에서도 기본적인 인륜이 변해서는 더더욱 안 될 줄 안다. 그런데 인륜의 가치관이 그릇되게 변하고 있어 안타까운 일이다. 효행은 백행지본(孝行百行之本)이라는 말이 있다. 나는 결혼식 주례를 설 때마다 신랑신부에게 효도에 대한 이야기를 빠뜨리지 않는다. 효도하는 마음은 모든 행동의 기본 중에서도 기본이다. 5월은 가정의 달이다. 가정의 달 5월에는 어린이날, 어버이날, 스승의 날, 성년의 날, 부부의 날 등이 있지만 노인의 날을 10월로 정한 까닭도 곰곰 생각해볼 일이다.

속담이 바뀌고 있다. 세상만사가 변하니까 속담도 바뀐 것이리라. 그러나 우리의 전통적인 윤리의식만은 바뀌지 않았으면 좋겠다.

(2008. 가정의 달에.)

4부

생각이 머물던 순간

신 삼종지도新 三從之道

우리 또래들이 직장생활을 처음 시작했던 시절만 해도 남자들의 처지가 지금 과는 달랐다. 월급날이면 얄팍한 봉급봉투일망정 양복윗주머니에 넣고 아내와 아이들이 좋아하는 군것질꺼리라도 사들고 집에 들어가면 가장으로서 체면은 세울 수 있었다. 그런데 언제부터인가 봉급이 은행통장으로 고스란히 들어가고 월급명세서만 아내에게 전달되었다. 그러더니 TV 드라마에서 여성들이 남자들의 뺨을 예사로 때리는가 하면, 어느 유명가수는 "우리도 접시를 깨트리자"고 노래를 불러 크게 유행하고, 남자들에게 앞치마를 입혀 주방에 서는 모습이 TV에서 자연스레 방영되는 사이에 남자들의 모습이 점점 초라해졌다.

고대 희랍에서는 남자들이 상류계급으로 인정받으려면 남들이 흉내 내지 못하는 특별한 요리솜씨 하나를 지녀야 했으며, 로마에서는 가정에 초대받아 가면 식탁에 오른 요리 중에서 한 가지를 극구 칭찬하고 그것을 바깥주인이 했다고 하면 놀란 표정을 짓는 것이 에티켓이었다. 한동안 스페인을 지배했던 부루봉 왕가에서는 왕손들에게 열두 가지의 육류요리를 터득시키는 것이 법통이었다. 이렇듯 서구에서는 고대부터 남자들이 요리 하는 것이 관습이었으나 우리나라는 전통적인 농경사회여서 부엌일은 대부분 아내가 전담하고 농사일은 남편 몫이었다.

그렇다고 해서 우리나라 남성들이 여성들을 비하한건 아니었다. 동서의 생활풍습이 달랐을 뿐이다. 그런가 하면 우리 할머니나 어머니들은 남자들이 가정에서 음식 다루는 일이나 여성들이 하는 일에 관심을 가지면 사회적으로 소인취급을 당한다고 했었다. 사내아이는 부엌근처에 얼씬도 못하게 하여 우리또래 남자들은 부엌일은 아예 어린 시절부터 습관이 안 되어 할 줄 모른다. 그런데 사회구조가 농경사회에서 산업사회로 전환되고 서구문명이 들어오면서, 여성들의 사회적 일자리가 늘어나 사회참여가 확대되자, 여성들이 전담하던 집안일을 남성들과 분담해야할 수밖에 없게 되었다. 여기에 TV를 비롯한 언론매체에서는 명절만 돌아오면 명절증후군이니 어쩌니 하면서 여성들의 가사 노동을 더욱 부각시켜 남자들이 가사노동에 참여하도록 부추겼다. 그 때문에 가사노동이 몸에 배지 않은 우리나라 남자들을 힘들게 하고 있다. 그러나 앞으로는 집에서 해야 할 일들을 서로 형편에 따라 분담해야 하는 것이 마땅할 것 같다.

며칠 전 전주 코아 아울렛 백화점에 가서 쇼핑을 하다가 남자들의 현 위치를 실감나게 확인할 수 있었다. 코아 아울렛 백화점은 매장이 지하와 지상 6층으로 되었는데 지하층은 식료품, 1층 패션잡화, 2층 여성의류, 3층 여성의류, 4층 골프· 여성의류, 5층 아동, 스포츠, 캐주얼, 6층 남성의류 이렇게 진열되어 있었다. 주차장도 주차하기 편리한곳은 여성전용 주차장으로 정해져 있었다. 남자들 숫자가 인구의 절반인데 남자들 호주머니에는 돈이 없고 권한도 없으니 남자고객들을 겨냥해야 돈이 안 들어오니까 자연히 남성용품 코너는 줄어들고 위치도 맨 꼭대기 층에 배치 한 게 아닐까하는 생각이 들었다.

세상이 변하니 전통윤리도 많이 바뀌고 있다. 요즘엔 새로운 삼종지도가 생겨났단다. 삼종지도란 옛날 우리나라 여성들은 어릴 때는 아버지를 따르고 결혼해서는 남편을 따르며, 남편이 죽으면 아들을 따른다는 윤리의식 이었다. 그런데 새로운 삼종지도란 남자들은 어릴 때는 어머니를 따르고, 결혼해서는 아내를 따르며, 늙어서는 며느리를 따라야 한단다. 아날로그시대에서 디지털시대로 바뀌니까 가치관도 따라서 변하는 게 당연하다지만 아무리 시대가 변한다 해도 가족 간의 윤리관까지 이렇게 변해도 괜찮은 것일까? 아버지가 가장으로서의 권위를 상실하고 기죽고 초라한 가장이 되기를 바라는 마음은 아닐 것이다. 양성 평등을 주장하는 분들은 가정도 정당들처럼 집단 지도체제로 변해야 한다고 하지나 않을까? 우리 모두 곰곰 생각해봐야 할 문제인 것 같다.

빛바랜 노인의 날

65세가 되면 법적으로는 노인이다. 하지만 평균수명이 늘어 노인들이 많은 농촌에서는 노인대접을 받을 나이는 아니다. 요즘 농촌에는 젊은 사람들은 대부분 도회지로 떠나 노인들이 외로이 고향을 기키고 있다. 농촌에 사는 노인들은 서울 노인과 시골노인의 대우가 다르다고한다. 서울노인들은 전철을 무임승차할 수 있어 무료하면 전철을 이용하여 가고 싶은 곳을 사유롭세 다닐 수 있어서 퍽 부러워한다. 그러나 외롭고 소외감을 느끼기기는 서울노인이나 시골노인이나 다를 바 없다.

오늘은 노인의 날이다. 해마다 노인의날이면 느끼는 일이지만 올 노인의 날은 추석 연휴와 겹쳐 노인의 날이 더욱 무의미한 날이 되어버렸다. 자치단체별로 노인의 날 행사를 해도 방송이나 신문에서 무관심한 탓도 있지만 아예 정부나 자치단체에서도 관심이 없었던 듯싶다. UN이 1991년 10월1일을 세계 노인의 날로 선포함에 따라 우리나라에서는 1997년 각종기념일 등에 관한규정에 맞추어 10월 2일을 노인의 날로 정하여 운영하고 있다. 세계 노인의 날과 우리나라의 국군의 날이 겹쳐 노인의 날을 10월2일로 정한 것 같다. 노인의 날을 세계 노인의 날과 하루라도 다르게 운영하려면, 우리나라의 실정에 맞추어 가정의 달인 5월로 바꿔 정했으면 좋았을 것 같다.

가정의 달에 어린이, 성년, 부부, 어버이, 입양가족까지 가족구성원 모두의 날이 들어있는데 노인의 날만 10월에 있어 해마다 노인의날이면 생각해 볼 문제다. 가정의 달에 가정과 관련된 날 모두를 정해서 운영하면서 노인의 날이 빠져있으니 매년 5월만 되면 노인들이 소외당하는 것 같은 느낌이 든다. 그런데 스승의 날은 학년 초에 들어 있어서 학부모들의 과잉반응으로 오히려 선생님들에게 부담을 줄 뿐더러 사회적으로도 여러 가지 부작용이 연출되고 있어 노인의 날과 스승의 날을 바꾸었으면 한다.

노인의 날에 노인문제에 대하여 곰곰 생각해 보았다. 옛날에는 노인들이 경험이 많아 아는 것도 많고 경제력도 있어 가정에서는 물론 사회적으로도 어른으로서 공경 받았었다. 그런데 언제부터인가 노인들이 사회에서나 가정에서 대접을 받기보다는 오히려 소외받고 있는 것처럼 느껴져 퍽 안타깝다. 사실 농경사회에서는 노인들의 경험이나 지식이 생활에 큰 도움을 주었다. 옛날에는 어른의 말을 들으면 자다가도 떡을 얻어먹는다는 속담도 있었다. 그런데 요즘엔 노인들의 말은 귀담아 들으려 하지 않을 뿐더러 아예 무시하는 경향조차 있다. 노마지지老馬之智란 말은 사전에나 나오는 말이 되어버렸다.

우리나라 노인들은 근대사의 격변기를 살아오면서 일제강점기 때 모진 고생을 했으며 6·25로 폐허가 된 잿더미에서 초근목피로 연명하면서도 "아는 것이 힘이다, 배워야 산다."라는 표어를 내걸고, 주경야독으로 공부하여 조국 근대화의 첨병역할로 오늘의 경제 대국을 이룬 주역들이다. 그런가하면 본인들은 가난해서 배우지 못했지만, 자식들 교육을 위해서는 가진 재산 다 팔고, 끼니까지 굶는 등 고생을 하면서도 최선을 다해 자녀들 대학까지 보낸 사람들이다.

그러나 사회의식구조가 이처럼 빠르게 변할 줄 모르고 노후준비를 못한 노인들이 많다. 그간 우리사회는 자식들 성혼시키면 자식들에 대한 도리는 다 했다고 생각했다. 그 뒤부터는 자식들이 부모를 봉양하는 것을 당연시했다. 그래서 우리 사회는 노후대책이란 말이 필요 없었다. 노후는 별로 걱정하지 않아도 자연스럽게 가성에서나 사회에서 존경받고 잘 살 수 있었다. 그런데 요즘 우리노인들의 현실은 용돈이 없어 취미생활을 즐기기는커녕 오갈 데 없어 점심때면 무료급식소를 찾거나 여가시간을 보낼 곳이 마땅치 않아 천변 다리 밑을 찾는 노인들이 많다, 또 의학이 발달하여 수명이 늘다보니 치매나 중풍 같은 병에 걸려 고생하는 노인들도 늘어나고 있다.

정부나 지방자치단체에서 노인요양시설을 확충하는 것은 물론 일자리 창출과 여가생활을 즐겁고 안락하게 보낼 수 있도록 하려는 많은 시책들을 펴고 있다. 그러나 날로 늘어 가는 노인들의 욕구를 충족시키기엔 역부족이다. 노인들이 대접받도록 하려면 먼저 노인 복지정책을 담당하고 있는 정부나 지방자치단체 공직자들의 사기를 진작시켜 서로 노인관련 부서에서 근무하고 싶어 하도록 해야 한다. 그리하면 이들이 노인들을 위하여 좋은 시책들을 많이 만들어내고 정성을 다하여 노인들을 공경하게 될 것 이다. 또 가정에서 노부모를 모시고 살면서 돌보는 자식들은 물론 할머니나 할아버지와 함께 사는 학생들에게도 사회적인 배려가 있었으면 좋겠다.

노인들도 자신들의 삶이 스스로 즐겁고 보람 있는 삶이 되도록 노력해야한다. 그간 쌓아온 인생 경험과 다양한 지식을 사회에 돌려주고 국가와 지역사회에 봉사하면서 스스로 긍지와 보람을 느끼도록 해야 한다. 재산을 많이 가진 노인들은 자손들에게만 남겨주려 하지 말고 노인봉사단체 같은 곳에 기부하여 불우한 노인들과 더불어 살아야겠다는 생각도 해야 할 것이다. 공수래공수거라 하지 않던가. 늙으면 입을 자주 여는 것보다는 지갑을 자주 열어야한다. 누구나 살다보면 노인이 되는 것은 정해진 자연의 이치다. 미래의 나를 위해서라도 노인들을 공경하고 따뜻하게 보살피자는 범국민적인 '효 사랑운동'을 전개 했으면 좋겠다.

(2009. 10.)

까치가 쪼아 먹은 홍시

어린 시절 우리 집에는 감나무가 많이 있었다. 집안에도 두세 그루 있었지만 감나무 산이 두 곳에 있어서 가을이면 나무를 잘 오르는 분들에게 미리부탁 하여 감을 따야했다. 해마다 우리 감을 따주는 어른 중 한분은 한문공부도 많이 하신 퍽 유식한 어른이었다. 그 어른은 높은 나무에서 감을 따면서 홍시가 있으면 별노로 따두었나가 감 망태 맨 위에 잎어서 내려 보내면서 밍태를 받는 나더러 홍시를 먹으라고 하셔 나는 감 망태를 받으면서 홍시를 많이 먹었다. 홍시를 먹다 새들이 쪼아 먹던 것 같은 홍시는 먹지 않고 한곳에 모아 두었다. 나무위에서 감을 따시던 어른이 점심때 나무에서 내려와 저 홍시는 서당 선생님 드리려고 남겨 두었느냐고 물어서, 나는 무슨 영문인지 몰라 어리둥절한 적이 있었다.

그 어른의 설명을 듣고서야 우리 선조들의 진솔하고 깊은 정과 삶의 지혜를 새삼 깨달았다. 과일 맛은 사람보다 날짐승들이 더 잘 알고, 날짐승 중에서도 까치가 그 맛을 제일 잘 안다고 한다. 그래서 옛날 어른들은 까치가 쪼아 먹던 감이나 배 같은 과일은 고마운 선생님이나 의원님께 드렸다. 선생님을 존경하고 인술을 베푸는 의원들에게 고마움을 나타내는 속 깊은 인정의 표현이며 삶의 지혜가 아닌가 싶어 크게 감명을 받았었다. 어린 시절에 들은 이야기지만 지금도 기억이 생생하다. 우리 조상들은 선생님은 임금이나 부모와 같은 분으로 여겨 그림자도 밟지 않을 정도로 존경했고, 가정에서도 그렇게 가르쳤다.

우리 어린시절에는 학교에서 선생님에게 꾸지람을 듣거나 매를 맞은 경우에도 집에 오면 부모님들이 알까봐 전전긍긍 하였다. 만약 학교에서 선생님에게 매 맞은걸 부모님이 알면 오죽하면 선생님이 매로 때렸겠냐고 하면서 재차 꾸지람을 당하니 부모님 모르게 하려고 했던 기억이 난다. 그런데 오늘날 우리의 현실은 어떠한가? 선생님이 문제 학생을 체벌 했다고 학부모가 선생님을 고발하는가하면 심한 경우는 학생이 선생님을 폭행하는 일도 있다니 우리 모두가 깊이 반성해야 할 일이 아닌가 한다. 이러한 불미스런 일들의 책임이 어느 누구에게만 있다고 생각하지 않는다. 다만 가장먼저 책임을 느껴야할 사람들은 학부모가 아닌가한다. 집에서 어른들이 선생님을 진심으로 존경하면 아이들은 누가 시키지 않아도 선생님을 스스로 존경하게 될 것이다.

선생님들이 존경받는 사회가 되어야 한다. 그래야 선생님들이 긍지와 보람을 느끼면서 가르칠 것이고 선생님들의 꿈과 사랑을 느끼면서 교육받은 그 후학들이 자라 미래의 우리 사회를 이끌 때 우리 사회는 더더욱 발전 할 게 아닌가. 모든 일이 다 중요하지만 자녀교육은 아무리 강조해도 모자람이 없다. "황금 백만량黃金 百萬兩 불여 일교자不如 一敎子"라 하지 않던가. 이는 돈이 아무리 많아도 자식 잘 가르치는 것만 못하다는 뜻이다.

자식 교육 잘 시키고 싶으면 올가을 정성어린 마음으로 까치가 쪼아 먹은 홍시와 과일들을 선생님들에게 선물 해보면 어떨까? 아마 선생님들이 흐뭇해하시고, 학생들은 덩달아 좋아 할 것이다. 학부모들은 자식교육에 대한 걱정을 한시름 놓게 될 수도 있을뿐더러 서로가 서로를 신뢰하고 인정이 넘치는 밝고 살기 좋은 사회로 발전하게 되려니 싶다.

물이 깨끗해야지

물은 만물의 근원이기도 하지만 지구상의 자원 중 가장 풍부한 자연물이다. 깨끗한 물을 생각하면 1970 년대 초 KBS에서 방송하여 국민들의 큰 사랑을 받았던 "팔도강산"이란 연속극이 생각난다. 김희갑, 황정순, 민지환, 한혜숙 가족이 유럽여행도중 프랑스에서 물을 사먹는 장면에서다. 김희갑 할아버지가 물을 사먹는 나라가 다 있느냐고 모두가 깜짝 놀라게 호통을 치던 장면이 떠오른다. 봉이 김선달이 대동강 물을 팔아먹었다는 우스갯소리는 들었어도 우리나라 사람들은 그 시절에는 물을 사먹는다는 것은 생각도 못했었다.

그 무렵 우리나라는 대도시를 제외하고는 대부분 먹는 물을 우물을 이용하였다. 산골짝을 흐르는 물이나 송사리들이 헤엄쳐 다니는 시냇물을 그냥 퍼마셔도 별 탈이 없이 깨끗했다. 물이 깨끗하다보니 물에서 자란 물고기들도 깨끗했다. 민물에서 붕어나 피라미, 쏘가리 같은 물고기를 잡아 초고추장에 찍어먹어도 간디스토마 같은 병에 걸리지 않았다. 우리 고향에서는 저녁때 출출하면 고기병과 초고추장에 소주 몇 병들고 강변에 나가면 싱싱한 물고기를 안주삼아 별로 돈 드리지 않고 실컷 마실 수 있었다. 물이 맑고 넉넉해서인지 사람들의 인심도 좋았고 모든 것이 깨끗했었다.

한강에 신부와 국회의원이 빠졌을 때 누구를 먼저 구해야 하느냐는 풍자적인 질문이 유행 한 적이 있다. 국회의원을 먼저 구해야 한다는 게 정답이었다. 오염된 국회의원이 빠져죽으면 한강물이 크게 오염 될 터이므로 국회의원을 먼저 구해야한다는 말이다. 사람들은 대부분 부정부패의 책임을 정치인들 에게만 있는 것처럼 말한다. 이제는 어느 특정인들 에게만 모든 책임을 전가해서는 안 된다는 생각이 든다. 물을 국민으로 비유하는 경우가 많다. 물은 배를 띄우기도 하지만 배를 뒤 엎을 수도 있다고 한다. 맞는 말이다.

아무리 더러운 물고기도 깨끗한 물에서 자라면 금방 깨끗해진다. 그러나 아무리 깨끗한 물고기라도 더러운 물에 옮겨 놓으면 금방 더러워진다. 이제는 우리 국민들 모두가 깨끗해져야한다. 미국의 케네디 대통령은 취임사에서 조국이 여러분들을 위해 무엇을 할 수 있는가? 묻지 말고 여러분이 조국을 위해 무엇을 할 수 있는

지 자문해보라는 말을 하여 미국인들은 물론 세계인들을 감동 시켰다. 우리도 이제 남의 탓만 할 때가 아니다.

내년에 지방 선거가 있는 해다. 지방자치를 시작하여 지방의원은 다섯 번 선거를 했고 단체장은 네 번을 뽑았다. 선거관리위원회에서 깨끗한 선거풍토를 정착시키기 위한 노력을 끊임없이 하고 있다. 하지만 선거만 끝나면 연례행사처럼 많은 단체장이나 의원들이 부정선거에 연루되어 구속되거나 그 직을 상실하는 모습을 많이 보아왔다. 이제는 정치하는 사람들 탓 하지 말자. 우리 국민들 모두가 깨끗한 물이 되었으면 좋겠다. 물이 깨끗하면 물고기는 당연히 스스로 깨끗해질 게 아닌가.

(2009. 11.)

가화만사성家和萬事成

어린 시절 입춘이 되면 아버지가 입춘대길立春大吉, 건양다경建陽多慶, 가화만사성家和萬事成, 개문만복래開門萬福來, 소지황금출掃地黃金出등 좋은 글귀를 써서 대문이며 기둥에 붙이던 생각이 난다. 아버지는 명절이나 가족들의 생일 또는 방학시작과 방학이 끝날 무렵이면, 할아버지 할머니를 비롯한 웃어른들의 이야기와 형제간에 우애 하면서 살라는 말씀을 자주 하시면서 가화만사성을 특히 강조 하셨다.

인생의 목표는 무엇일까. 사람마다 인생의 목표가 다르겠지만 대부분 행복한 삶의 추구가 아닐까 한다. 행복의 조건은 돈과 물질적인 측면도 있겠지만 정신적인 측면이 더 소중 할 것 같다. 돈이나 물질은 그 욕구가 한이 없다. 얼 만큼 소유해야 행복지수가 높아질까? 소유 욕구와 소비 욕구는 영원히 충족되기 어렵다. 그러나 정신적인 행복감은 충족되기 쉽고, 충족된 행복감은 오랜 기간 지속 될 수 있다.

행복감을 느끼는 감정은 헤아릴 수 없이 많을 것이다, 사람에 따라서는 즐거운 오락을 하면서 행복감에 빠지기도 하고, 어려운 일을 극복하거나, 하고자하는 일들이 성취되었을 때 행복감을 느끼기도 할 것이다. 그러나 가장 기초적이고 소중한 행복은 가까운 가족들을 기쁘게 해서 얻은 행복감이 아닐까 까한다. 그런데 가장 가까운 가족을 소홀히 대하는 경향이 없지 않다. 모든 일은 기초가 튼튼해야한다. 행복 또한 마찬가지다.

산책길 운동기구 옆에서 노인들이 모여 이야기를 나누고 있었다. 어떤 노인말씀이 요즘젊은이들은 옛날과는 달리 경제가 어려워 사업에 실패하거나 회사에서 퇴출당하면 가정에서 마저 퇴출당해 결국 이혼하고 가정이 깨져 노숙자로 전락한다는 이야기였다. 옛날에는 사업에 실패 하거나 회사에서 퇴출당해 가사가 어려워지면 가족구성원들이 서로 힘을 모아 극복하려고 최선을 다했는데 요즘은 그런 모습을 볼 수 없다고 개탄하는 소리였다.

국가 사회의 가장 기초단위는 가정인데, 가정이 무너지면 우리 국가 사회가 어디로 갈 것인가. 왜 옛날에는 가정이 어려우면 가족들이 서로 도와 극복하려고 노력했는데 요즘은 그런 노력은 해보지도 않고 이혼을 하는 것일까. 이는 어릴 때 가정교육이 잘 못되어서려니 싶다. 물질이 풍족해지다 보니까 정신이 빈곤해졌기 때문이기도 하고 부족함의 철학을 배우지 못해서다. 옛날 어른들은 콩 한쪽이라도 나누어 먹는 미덕과 부족함의 철학을 가르쳤다.

아이들이 갖고 싶어 하는 것이 있더라도 잘 사주지 않았다. 꼭 돈이 없어서라기보다는 부족함의 철학을 가르치려는 마음에서였다. 그런데 요즘은 어린이들이 요구만하면, 아니 요구도 하기 전에 모든 걸 충족해 주려고 어른들이 오히려 앞장을 서는 모습이다. 이렇게 자라면서 부족함이란 전혀 당해보지 않고 자라 성인이 되어 어려움이 닥치면 극복 할 수 있는 지혜도 없고 극복할 힘도 없다.

나는 면장으로 근무 할 때 사무실에 천시지리인화天時地理人和라는 족자를 걸어놓고 직원간의 화합을 강조했다. 직장의 화합은 가정의 화합이 그 기초가 된다, 직장에서 항상 직원들에게 아침 출근할 때 뒤 꼭지에 아내의 미소를 붙이고 출근하라고 강조 했지만 정작 내가 그러하지 못할 때가 많았다,

아침 일찍 출근하여 사무실에 들어오는 직원들과 아침인사를 나누면서 직원들의 기분을 살펴보면 대략 짐작 할 수 있었다. 아침 출근할 때 가족들과 정다운 인사를 나누고 즐거운 기분으로 출근했는지, 문밖을 나설 때부터 마음이 상해 언짢은 기분으로 출근했는지 살폈다. 집에서 어려운 일이 있거나 속상한 직원은 퇴근길에 맥주라도 한잔하면서 기분을 풀어 주려고 노력 했다, 그래야 집에 돌아가 가정이 화목해 질 테니까.

가정이 화목하면 직장화합에도 큰 도움이 될뿐더러 근무능률도

향상되고 생산성도 증가한다. 그래서 이런 원리를 잘 아는 기업의 관리자나 행정기관에서도 직원들의 가족들에게 관심을 갖는다. 요즘 나라가 경제위기로 어려움을 겪고 있으며 가정이 깨져가고 있다. 기업의 CEO들이나 정부 기관단체의 높은 분들은 조직원들의 가정이 화목 할 수 있는 방안을 마련하여 가화만사성으로 이 어려운 경제 난국을 극복 해보면 어떨까.

미래의 나에게 하는 봉사

나는 목욕탕엘 자주 간다. 일주일에 두세 번 정도 목욕탕엘 가는데 직장에 출근 할 때는 월요일엔 반드시 새벽에 목욕탕엘 들러서 출근했다. 월요일 죽림온천에서 목욕을 깨끗이 하고 출근을 하면 기분이 저절로 상쾌해진다. 그래서 나는 아들들에게도 목욕을 자주 하라고 권한다. 죽림온천은 우리나라 유황온천으로는 물이 제일 좋은 곳이라 생각된다. 전주시 인구가 100만 명 정도로 큰 도시라면 죽림온천이 그처럼 경영난에 허덕이지 않을 텐데 퍽 안타까운 일이다.

죽림 온천엘 가면 항상 만나는 어른이 한분 계신데 그분은 거의 매일 목욕을 할 정도로 목욕탕엘 자주 다닌 다고 한다. 그런데 그분은 목욕탕에서 아는 사람이건 모르는 사람이건 허리가 꾸부정하고 엉덩이가 옛날 재래식 부엌에 오래 매달아 놓은 하늘수박처럼 훌쭉훌쭉 바람이 빠진 영감님이나 다리가 바튼 영감님들 등을 밀어드린다. 그분은 연세도 금년 일흔 살일 뿐더러 2년 전에 큰 수술을 받아 건강도 썩 좋은 편도 아니다. 그런데도 자기 몸을 스스로 가누기 힘든 노인들이 혼자서 때를 미는 모습을 보면, 나도 언젠가는 저런 모습으로 변할 텐데 하는 마음이 들어 그냥 져버릴 수 없어 등을 밀어드린다고 하셨다. 나는 그 어른의 말씀을 듣고 크게 감명을 받은바있다.

우리나라의 노인 문제가 심각하다는 것은 어제 오늘의 얘기가 아니다. 특히 농촌지역의 노인들에대한 대책이 시급한 실정이다. 현재 농촌은 산업화도시화의 물결 에 따라 대부분 젊은 사람들은 도회지로 떠나고 헐수할수없이 오갈 데 없는 노인들이 많이 살고 있다. 지금 연세가 80~90세인 노인들은 조상대대로 그랬던 것처럼 자식들 성혼시키고 나면 노후는 후손들이 다 알아서 책임지는 것으로 알고 대부분의 노인들이 노후준비를 별도로 하지 않았다. 그런데 일자리를 찾아 고향을 떠난 후손들이 자기네들 살기가 고단하고 힘들어 부모님들을 찾아볼 여력이 없다. 또 효심이 부족하여 농촌에 계신 부모님들을 자주 찾지 않아 농촌의 노인들은 쓸쓸하고 외롭고 힘든 노후를 보낸다.

이제 노인문제는 한 가정이나 정부 또는 지방자치단체에만 맡기고 구경만 할 때가 아니다. 우리들도 언젠가는 늙기 마련이다. 어느 누가 나는 늙지 않는다고 말할 사람이 있겠는가. 그래서 노인

문제는 미래의 나는 물론 우리 모두의 문제다. 예산을 들이고 시책을 마련하는 일은 중앙정부나 지방자치단체에서 해야겠지만 몸과 마음으로 하는 일은 우리들 스스로 미래에 대한 봉사라 생각하고 노인들에게 진심에서 우러나오는 봉사를 생활화 했으면 하는 마음이 간절하다. 모든 국민들이 노인을 따뜻한 마음으로 보살펴 드린다면 노인들은 물론 우리 국민모두의 행복지수도 크게 향상되리라 믿는다.

(2008. 3.)

마음가꾸기

새벽 산책길에 혼자 픽 웃었다. 어린 시절 어머니가 들려준 옛날 이야기하나가 떠올라서다. 옛날 어느 농촌의 가난한 집에 시집온 며느리가 웃어른들도 정성스럽게 잘 모시지만 부지런히 농사짓고, 품도 팔며, 가축을 길렀다. 병아리가 닭이 되고, 닭이 돼지가 되고, 돼지가 소가돼서 전 · 답도 사는 등 어느 정도 부자가 되었는데도, 며느리는 화장한번 하지 않고 항상 검소하고 부지런히 일을 할 뿐만 아니라 더욱 웃어른들도 잘 모셨다.

이를 미안하게 여긴 시아버지가 어느 날 며느리에게 화장품선물을 했다. 그런데 화장품을 받아든 며느리가 가족들이 다 모인 자리에서 맑은 물을 한 대접 떠오더니 물에다 연지랑, 곤지랑, 분을 한 숟갈씩 타서 마셨다고한다. 이런 모습을 보고 시아버지가 화장품은 먹는 게 아니고 얼굴에다 바르는 것이라고 하니까, 며느리가 아버지 지금 우리가족들은 얼굴 화장보다 마음의 화장을 해야 할 때라고 해서 가족들 모두를 크게 깨우치게 했다는 이야기다.

어릴 때는 이 이야기를 듣고 생각 없이 웃었다. 그런데 오늘아침 산책길에서 이 이야기가 떠올라 아침 내내 웃고, 또 웃었다. 웃기는 웃었어도 왠지 마음 한 편으로는 허전했다. 나이가 많아질수록 얼 짱 보다는 몸 짱이 되도록 노력하고 몸 짱 보다 맘 짱이 되도록 해야 될 텐데, 우리는 몸을 가꾸기 위해서는 헬스, 골프. 테니스, 등산, 수영, 스포츠댄스, 사우나, 등 헤아릴 수 없을 만큼 많은 돈과 시간을 투자한다. 그런데 정작 중요한 마음을 가꾸는 데는 별로 노력을 하지 않는다. 마음을 가꾸는데 종교가 큰 역할을 하지만 종교가 없는 사람들도 많기 때문에 마음을 가꾸는 노력을 할 수 있는 사회적인 대책이 필요하려니 싶다.

나이가 많아지면 자연적으로 마음 씀씀이도 넓어지고 너그러워 질것이라 생각했었다. 그런데 내 마음을 내 스스로 비추어 보면 그렇지 못한 것 같다. 젊은 시절 순수했던 마음보다 매사에 계산이 앞서는 내 마음을 자주 들여다본다. 우선 가장 가까운 형제사이노 자식들이 커가고 나이가 들어가면서부터 내처지만 생각하는 욕심으로 가득 찬 마음이 자리 잡혀있다. 그런 나를 발견하면 스스로 부끄럽기 그지없다.

젊은 시절에는 남의 집 셋방을 살면서도 방학이면 조카들이 놀러와 일주일 혹은 열흘씩 우리아이들과 어울려 지내곤 했었다. 지금은 경찰청의 중요한 위치에서 제몫을 톡톡히 하고 있는 형님 둘째아들은 방학이 돌아오기를 학수고대했다. 우리 집에 와서 놀 것을 생각하고, 우리 또한 방학이면 항상 올 것으로 알고 기다렸었다. 형제들도 해마다 돌아가면서 초청하여 가족이모여 밤을 새며 놀았고, 여름이면 피서도 부모님 모시고 형제들이 함께 다녔다.

1985년 여름에는 부모님을 모시고 우리 8형제가 갓난아이들 까지 다 데리고 학암보 강변에서 2박3일 피서를 하기도 했었다. 그때 아버지는 고희가 지난 연세였는데 수심이 깊은 곳에서 수영을 하셔 둘째형과 내가 주위에서 지켜보면서 가슴 조이던 생각이 난다. 그런데 지금은 내 집도 있고 생활도 옛날에 비해 넉넉한데 조카들은 물론 형제들과도 왕래가 예전만 못하다. 어린 시절이나 젊었을 때의 순수한 마음으로 되돌리지 못함이 안타까울 따름이다.

요즘 사람의 마음에 대하여 곰곰 생각해봤다. 情이라는 글자를 어째서 忄방변에 푸를 靑자를 쓸까? 젊은이의 마음이 노인들의 마음보다 사랑하는 마음이 순수하고 따뜻하기 때문일 것이다. 노인들의 마음이 젊은이들 마음보다 더 순수하고 따뜻하다면 아마 忄방변에 늙을 老자를 썼을 것이다. 몸이 늙으면 마음도 늙어 정이 매 말라 가는 모양이다. 공자는 60세면 이순耳順 70세면 종심소욕불유거從心所欲不踰距라 하여 마음먹은 대로 어떤 행동을 해도 법도에 어긋나지 않았다고 하는데 내 마음은 자꾸 옹졸해져가는 것 같아 안타깝다. 몸을 가꾸는 노력도 게을리 해선 안 되지만 마음을 가꾸는 노력을 더욱 열심히 해야겠는 생각이다.

밥상머리교육

요즘 세 살 박이 손자 재현이와 나는 밥상머리에서 신경전을 자주 벌인다. 심판을 보는 아내의 편파 판정으로 항상 내가 판정패를 당하여 여간 억울한 게 아니다. 세 살 버릇 여든까지 간다는데……. 옛날 어른들은 자식들에게 밥상머리에서 가족들의 소중함은 물론 웃어른과 선생님을 존경하고, 고마워 할 줄 알며, 친구의 소중함을 알도록 기본적인 인성교육을 가르쳤다. 특히 내 집에서 귀하게 대접받고 자란 아이는 사회에서 대접받기 어렵다고 엄하게 꾸짖으며 가르쳤다. 가정이 아니면 가르칠 수 없는 덕목이 많다. 우리들 어린 시절 어머니는 아버지가 먼 곳으로 출타를 하셔서 저녁에 돌아오시지 않을 것을 알면서도 솥에서 아버지 밥을 먼저 담아 아랫목에 묻어놓고 우리들의 밥을 펐다. 그리고 특별한 음식이라도 준비한 날이면 아버지가 안 오시면 아버지가 오실 때 까지 기다려야했다. 비단 우리 집 뿐만이 아니라 옛날에는 의례 다 그랬었다.

요즘은 가정에서 아이들이 제멋대로 장난을 치면서 떠드는가 하면 잘못을 저질러도 기죽는다고 꾸중을 하지 않고 방관 할 뿐더러 밥 먹을 때도 어서 먹고 학원에 가라고 어른들이 수저를 들었는지 살필 여유가 없다. 살필 여유가 없는 게 아니라 아예 아이들부터 차려 주면서 어서 먹으라고 한다. 이렇게 키우다보니 웃어른이나 선생님을 존경 할 줄도 모르고, 친구 간에 양보 할 줄도 모를뿐더러 무엇이 옳고 그른지를 분간 할 줄도 모른다. 가정에서 인간의 기본을 잘못 가르쳐 학교에 보내니 이런 아이들을 가르치는 선생님들이 얼마나 힘들까? 학부모들은 곰곰이 생각해 봐야 할 것 같다.

학교에서 수업시간에 제멋대로 잡담하고 떠드는가하면 잠을 자는 학생을 깨우면 자는데 깨웠다고 선생님께 대드는 일도 있다고 한다. 학교에서 선생님들이 사소한 꾸지람만 해도 울면서 집으로 가버리기 일쑤란다. 옛날에는 선생님께 꾸지람을 들었다거나 종아리를 맞아도 부모님께 들키지 않으려고 전전긍긍 했었다. 꾸지람을 들었다거나 매를 맞은 일이 부모님께 알려지면 부모님은 집안 망신 시켰다고 더 큰 꾸중을 하시기 때문이었다. 그런데 요즘 학생들은 학교에서 선생님에게 사소한 꾸지람이라도 당하고 울면서 집으로 돌아가면 학부모가 학교로 찾아와 교감이나 교장선생님께 담임을 비방하고 사과를 하라고 야단이란다.

여기에 매질이라도 하게 되면 학생들은 핸드폰으로 촬영하여 인터넷에 동영상으로 올리고 학부모는 물론 사회단체와 언론들 까지 나서서 선생님을 매도한다. 그러니 선생님들이 소신과 사명감을 갖고 아이들 교육에 매진하기 어려울 것이란 생각이 든다. 선생님들이 학생들과 학부모 사회단체 언론을 의식하고 주눅 들어 소신껏 가르치지 못하고 학생들의 비위를 맞추는데 급급하다면 과연 우리의 교육은 어디로 갈 것인가? 실로 나라의 장래가 걱정이다. 선생님들이 아이들을 소신껏 가르치면서 보람과 긍지를 느끼도록 환경을 조성 해주어야한다.

우리나라는 옛날부터 교육열이 높은 나라다. 자녀들의 교육을 위해서는 모든 희생을 감수한다. 학원비를 마련하려고 노래방 도우미로 나서는 어머니들도 있다니 자녀교육에 대한 우리나라 어머니들의 열정을 미뤄 짐작할 수 있는 사례라 할 것이다. 아이들의 교육을 잘하려는 마음이 앞서다보니 오히려 중요한 부분을 소홀히 했다는 생각이 든다. 자식교육을 잘하려면 먼저 자녀들이 선생님을 존경하도록 부모들이 행동을 잘해야 한다. 어른들은 어린이들의 거울이라 하지 않던가. 부모들이 아이들 앞에서 뿐만 아니라 항상 선생님들을 진심으로 존경하는 모습을 보여주면 아이들은 자동적으로 선생님들을 존경하게 되고 선생님들은 긍지와 자존심을 갖고 열과 성을 다하여 소신 것 잘 가르칠 것이다.

또한 교육의 기본은 밥상머리에서 이루어진다는 진리를 깨달아야 한다. 언젠가 우리나라 어느 대재벌 회장은 아침식사는 온가족이 한자리 모여서 한다는 말을 듣고 큰 감명을 받은바있다. 지금은 농경사회와 달라 가족들이 저마다 하는 일이 다르고 직장에 출퇴근하는 시간도 다르지만 하루에 한 끼라도 온가족이 함께 식사를 하면서 밥상머리 대화를 통해 가족애를 다지고 어린이들에게 사람이 지켜야할 기본적인 예절교육을 차근차근 시켜야 할 것 같다.

(2009. 1.)

가을축제

백로와 추석도 지났건만 올해는 봄부터 온 나라가 촛불로 달구어져서인지 대지는 식을 줄 모르고 늦더위가 기승을 부린다. 화산공원 운동기구에 누어 바라본 하늘은 맑고 고추잠자리는 한가롭게 날며 매미는 제 처지도 모르는 듯 울어대고 있었다. 곧 찬바람에 쫓겨 떠날 날이 얼마 남지 않았다는 것을 알기에 제철인양 힘차고 즐겁게 울어대는 매미소리가 내 귀에는 더 스산하게만 들린다. 가을(秋)의 마음(心)을 근심(愁)으로 표기한 한자는 우리들의 마음을 읽은 것처럼 정확한 표현이라는 생각이 든다. 가을하면 분명 풍요로운 결실의 계절이고 각 고을마다 축제도 많아 흥겹기도 한 계절이다. 그러나 가을은 왠지 인생의 발자취를 뒤돌아보게 하고 깊은 생각에 잠기게 할뿐만 아니라 우수에 잠기게 하는 계절이기도 하다.

가을이면 생각나는 일들이 많지만 항상 먼저 떠오르는 것은 어린 시절의 추억이다. 어린 시절 요맘때면 농촌에서는 가장 큰 축제인 초등학교의 가을 운동회가 열렸다. 초등학교 운동회 날이면 할아버지 할머니를 비롯한 온가족이 참석 할뿐만 아니라 학교에 다니는 자녀가 없는 가정에서도 다함께 초등학교 운동장으로 모였다. 1년에 한번 있는 최대의 만남의 날이다. 지역주민들의 만남의 장이 이루어진다. 1년에 한번 이루어진 가장 큰 만남의 장이다. 시골에서는 5일장이 만남의 장이지만 이렇게 많은 사람들이 한꺼번에 다 모이는 기회는 운동회 날 빼고는 없었다. 못살고 가난하던 시절이지만 운동회 무렵이면 햇곡과 햇과일이 나는 계절이라 먹을거리가 풍성하니 인심 또한 넉넉하여 먹고 즐기며 아이들 재롱과 함께 흥겹고 정겨운 잔치마당이 된다.

나는 운동회 때 연필이나 공책을 한권도 상으로 받아본 일이 없다. 달리기를 못해서 항상 여섯 명이 달리면 5등이나 6등을 했다. 그래도 운동회는 손꼽아 기다렸다. 운동회 날이면 어머니가 맛있는 음식도 많이 준비 하지만 용돈도 생기고 운동회가 끝난 뒤 학교운동장에 설치한 가설극장에서 상영하는 영화를 보는 재미 또한 쏠쏠 했었다. 운동회를 기다리는 마음은 학생들뿐만 아니라 어른들도 모두 같았다. 시골학교의 가을 운동회는 볼거리, 즐길 거리, 먹을거리를 두루 갖춘 지역 주민들의 마음을 하나로 묶는 화합의 축제였다.

요즘 나라경제가 발전되고 국민들의 생활에 여유가 있어서인지 지방자치를 하면서부터 고을마다 축제가 넘친다. 우선 우리 전라북도에서만 해도 가을이면 소리축제, 고창군의 모양성제, 김제시의 지평선축제, 임실군의 산머루축제와 소충 사선문화제, 진안군의 마이문화제, 정읍시의 단풍축제, 장수군의 논개제등 헤아릴 수 없을 정도로 많다. 축제가 끝난 뒤 스스로 큰 성과를 이룬 것처럼 자화자찬 하지만 투자한 예산이나 인력에 비하면 축제의 성과가 과대포장 된 건 아닌가? 곰곰이 새겨 봐야할 일이다.

2005년 9월 14일자 서울 신문은 경상북도 군위군에서는(군수 박영언) 민선이후 축제를 한 차례도 개최하지 않았다고 보도하여 신선한 충격을 주었다. 군위군은 민선 전에는 능금축제를 해왔으나 민선 뒤 축제를 기획하는 단계에서 심사숙고 해본결과 다른 자치단체에서 하는 축제와 유사하거나 중복되고 선심성 또는 낭비성축제로 전락 할 것이 분명한데 굳이 축제를 해야 할 명분이 없어 축제에 드는 예산을 지역 주민들의 숙원을 해결하는 예산으로 활용했다는 보도였다. 대부분의 축제가 민선이후 봇물처럼 불어난 마당에 군위군의 사례는 우리 모두 다신지석으로 삼아야할 일이 아닌가 한다.

우리고장도 축제가 끝난 뒤 성과를 자랑하기에 앞서 유사 중복되거나 선심성, 낭비성 축제는 과감하게 개선하고 소득과 크게 연결시키지 못할 축제라면 남녀노소 가 다함께 참여하여 즐기는 지역민들의 화합이라도 확실하게 이룰 수 있는 축제를 했으면 한다.

5부

추억의 메아리

새벽을 여는 소리

새벽이 왔음을 알리는 소리들이 많이 달라졌다. 옛날 시골에서는 수탉이 목에 힘주고 새벽이 왔음을 제일먼저 알렸고, 도회지에서는 통금해제 사이렌이 울리며 새벽을 알렸다. 그밖에도 두부장수의 종소리나 청소차의 새마을노래, 교회의 종소리 등이 새벽을 알리는데 한몫을 했었다. 그런데 요즘엔 새벽을 알리는 소리가 없다. 나는 다행히 새벽 04:30분경이면 신문을 툭 던지는 소리가 들려서 새벽잠을 깬다. 아침에 중앙지와 지방지 한부씩을 대략 살펴보고 05:30분이면 전주천으로 나가 아침산책을 한다.

어은교 밑 천변으로 나서면 밤새워 달님과 밀회를 즐긴 달맞이꽃이 피곤한 기색도 없이 환한 미소를 지으며 샛노란 자태로 산책하는 사람들을 반긴다. 달맞이꽃은 남미의 칠레가 원산지로 귀화

한 식물이다. 우리나라 전역에 분포된 달맞이꽃은 토종식물에 주눅 들지 않고 척박한 곳에서도 잘 자라는걸 보면 번식력이 강한 식물인 것 같다. 승자의 일기는 태양에 비춰져 찬란한 역사가 되고 패자의 일기는 달빛에 숨겨져 신화가 된다고 하는데 아마 달맞이꽃에도 신화 하나쯤은 있으리라는 생각이 든다. 전주천의 생태계가 되살아나 물고기들이 많아졌다. 냇가 여기저기에서 먹이를 찾는 황새들의 모습도 자주 눈에 띈다. 새벽부터 먹이를 찾는 황새는 아마 오늘 만큼은 배를 넉넉히 채울성싶다.

매곡교 주변에 이르면 새벽시장을 보느라 사람들의 발길이 빨라지고 여기저기서 손님들을 부르는 시골 할머니들의 호객하는 솜씨도 보통이 아니다. 매곡교 주변의 아침시장의 풍경은 1960년대 시골 장터를 연상케 한다. 아침시장을 구경하는 재미가 여간 쏠쏠한 게 아니다. 이곳에서는 아는 사람도 더러 만나 잠깐 정담을 나누기도 한다. 시장에서 사고파는 물건들은 대부분 농수산물로 밥상에 오를 찬거리들과 과일이 대종을 이룬다. 요즘은 주로 호박, 오이, 깻잎, 도라지, 메물대, 호박잎, 풋고추, 가지, 마늘, 양파, 무, 배추, 고구마잎, 참외, 수박, 자두, 복숭아, 토마토 등을 재배 농민이 직접가지고 나오기 때문에 값도 싸고 싱싱해서 파는 사람이나 사는 사람 모두 만족한 표정들이다. 수산물도 없는 게 없을 정도로 다양하다.

간혹 어떤 때는 우렁이나 다슬기도 가지고 나온다. 요 전날 아침에는 어떤 할머니가 파는 우렁이를 한 그릇에 5,000원씩 두 그릇을 사고 11,000원을 드리면서 가시는 길에 얼음과자라도 하나 사 잡수시라고 했더니 그 할머니가 우렁이를 반 그릇이나 더 주려고 하기에 그러실 필요가 없다고 극구 사양해도 한사코 더 주셨다. 가지고 나온 물건은 밭에서 직접 수확하여 포장도 하지 않고 꾸밈없이 그대로 들고 나와, 대형마트에서 잘 손질하고 고급스럽게 포장하여 내놓은 물건에 비하여 모양새는 안 좋아도 인심이 넉넉하여 아침 내내 기분이 좋았다.

옛날 어른들은 아침 일찍 일어날 것 을 많이 강조 했었다. 명심보감에도 1일지계는 재어인(一日之計在於寅), 이라 하여 하루의 계획은 인시에 세워야 한다고 했으며, 인락불기면 일무소변寅若不起 日無所辨이라 하여, 만약 인시에 일어나지 않으면 하루 종일 판단이 흐리다고 할 정도로 아침 일찍 일어나는 것을 강조했다. 그래서 나도 아이들에게 아침 일찍 일어나는 습관을 들이도록 타일렀다.

그런데 요즈음 아침 일찍 일어나 활동하는 사람들을 보면서 다소 씁쓸한 생각이 든다. 분명 일찍 일어나 새벽을 열고 활동하는 사람들이 잘 살아야 하는데 신문배달원이나 청소부, 매곡교 주변시장의 할머니와 아주머니들은 모두 가난을 벗어나지 못한 사람들인 것 같다. 이른 새벽 산책을 하는 사람들도 대부분 노인들로 사회의 소외계층이란 생각이 들어서다. 이들은 새벽을 열고 우리 일상생활에 중요한 역할을 하고 있다. 새벽 산책을 하는 노인들도 젊어서 우리 사회를 이만큼 발전시키느라 평생을 바친

사람들이다. 이들을 잘 살게 하고 소외받지 않게 할 무슨 좋은 방도는 없을까? 나는 오늘 새벽에도 산책을 하며 곰곰 생각에 잠겨 보았다.

(2008. 8.)

섶 다리

나는 요즘 산책 코스를 정할 때마다 여러 번 망설인다. 평소 산책 코스는 진북 교 주변 하천에서 출발하여 주로 화산공원 아니면 매곡교 부근 아침시장을 둘러보았는데, 서신동 e편한 세상 아파트와 하가택지 개발지구 사이 하천 둔치에 섶 다리가 놓여 진 뒤부터는 어느 쪽으로 갈까 한참을 망설일 때가 많다.

매곡교 주변 아침시장에 가면 우리고향 농촌의 옛날 60~70년대 시골장터 마냥 정겹고 볼거리도 많을 뿐더러 농민들의 애환을 피부로 느낄 수 있다. 또 농촌에서 재배하여 직접 가지고 나온 싱싱한 찬거리들을 싼값에 살수도 있어 좋지만 섶 다리에 가면 섶 다리 또한 어린 시절 섶 다리를 건너 학교에 다니던 추억들이 되살아나 고향하천을 거니는 느낌이다.

전주 천 섶 다리는 전주 섶다리추진위원회와 e편한 세상 아파트 주민들이 힘을 모아 놓았다. 어디에서 다리발을 베어왔는지 여울목 섶 다리라는 현판이 걸린 다리발은 항상 봐도 구부정하니 버티고 선 모양새는 마음씨 좋은 농촌의 영감님처럼 순박하게 생겨서 퍽 친근하게 느껴진다.

내 고향 임실군 운암은 진안에서 발원한 섬진강줄기가 관촌면과 신평면을 거쳐 광석, 학암, 선거, 월면, 지천, 입석리에 이르고 신덕면에서 발원한 물줄기가 쌍암, 기암, 사양리를 거쳐 흐르다가 운암면 소재지인 입석리에서 합수되어 큰 강을 이루니 자연 경관이 아름답기도 하지만 민물고기들도 많았다. 물 반, 고기 반이라고 소문이 날 정도다. 섬진 댐 축조로 수몰되기 전에는 기름진 옥토가 많아 인심도 넉넉하고 인재도 많이 배출한 고장이다. 큰 강줄기를 따라 마을이 형성되다 보니 마을 마다 섶 다리나 징검다리가 놓여 있었다. 섶 다리는 규모가 커서 대부분 마을 공동으로 놓지만 징검다리는 큰비가 와서 떠내려간 뒤나 추석 또는 정월 대보름 등 명절을 앞두고 선행을 좋아하신 분들이 남몰래 밤에 고치거나 놓았다.

어린 시절 내가 살던 임실군 운암면 쌍암리 엽재마을 정자나무 거리에 놓인 징검다리는 규모가 크고 이용하는 사람들도 많았다. 이곳의 징검다리는 비가 내려 떠내려가면 고치는데도 여간 힘든 게 아니었다. 그런데 이 다리를 도맡아 놓거나 고치는 어른은 아들딸도 없이 가난하게 사는 분이었다. 마을사람들은 그렇게 좋은 일을 많이 하는 집에는 삼신할머니가 아들하나 점지해주셨으면 하고 모두 염원해도 아기는 생기지 않아 마을 사람들의 마음을 안타깝게 했다. 선행 중에서도 다리를 놓거나 고치는 일은 많은 사람들이 혜택을 입는지라 큰 공덕이 된다. 죽어서 삼도천을 건널 때 도움이 된다고 하는데, 아마 그 어른은 돌아가신 뒤 천당이나 극락에 가셨을 것이다.

초등학교에 가려면 사양리 앞의 큰 냇물을 건너야 했는데 이곳의 섶 다리는 규모가 커서 섶 다리를 놓는데 여간 힘이 들지 않았다. 요즘은 장비가 좋아 섶 다리를 놓는데 별로 힘이 들지 않지만 옛날에는 주민들이 며칠씩 참여하였다. 많은 사람들이 참여하여 힘을 모아 놓은 다리인지라 넓고 튼튼하게 놓았다. 그러나 섶 다리는 아무리 규모가 크고 튼튼하게 놓아도 여름 장마에 큰 홍수가 지나가면 떠내려가 버린다. 그래서 여름에 비가내리면 우리들은 섶 다리가 떠내려가지 않았으면 하는 마음이 간절했었다. 그러나 섶 다리는 어느 해나 여름을 견딘 적이 없었다. 섶 다리가 떠내려간 뒤부터는 여름 내내 아침저녁 학교를 오갈 때면 물을 건너서 다녔다. 물을 건너다 고무신을 떠내려 보내 맨발로 학교를 다니는 애들도 있었고, 발에 무좀이 번져 고생을 많이 했었다.

섶 다리를 사진이나 영화 같은 곳에서만 본 요즘사람들은 옛날의 풍경정도로 생각하지만 옛날 강이나 하천에 교량이 없어 섶 다리로 건너던 시절에는 섶 다리의 역할이 막중했었다. 섶 다리가 없으면 추운겨울에도 맨발로 강물을 건너던 정경을 생각하면 쉽게 납득이 갈 것이다. 그래서 추석이 가까워지면 어른들이 합심하여 또 다리를 놓았다. 그 시절에는 비록 가난하게 살았지만 남모르게 선행을 하는 사람들이 많았고 협동심도 높았었다. 이러한 미풍양속은 두고두고 우리후손들이 계승해야할 미덕임에도 개인적으로 선행을 하는 사람들은 더러 있지만 협동심은 실종 된 것 같아 아쉽다.

그러나 서로 돕고 협동하는 정신은 우리 조상대대로 내려온 뿌리가 있어 위정자들이 잘하면 크게 발휘되어 나라 발전의 원동력이 되기도 했다. 새마을사업과 금모으기운동, 월드컵 때의 응원은 우리국민들의 위대한 협동심의 발로였다. 위정자들은 국민들의 저변에 서려있는 서로 도와가며 섶 다리를 놓던 우리 국민들의 협동정신을 이끌어내어 나라발전의 원동력으로 삼았으면 좋겠다.

깨진 달걀의 추억

우리들이 어린 시절 농촌에 사는 어린이들은 코를 많이 흘려서 코 닦는 수건을 앞가슴에 달고 다니기도 했지만 대부분 옷소매로 쓱 닦았다. 그러니 코를 닦은 옷소매는 코가 말라붙어 밤에 옷을 걸어놓으면 빤짝거렸다. 머리에는 종기가 많이 났었고, 눈병에 자주 걸려 눈은 충혈 되고, 손발은 물론 목에도 때가 까맣게 끼어있었으며, 영양실조로 얼굴에 마른버짐이 핀 친구들도 많았다. 그러나 눈망울만은 초롱초롱 향학열로 불타고 있었다. 내 친구의 통신표 가정통신란에는 고집이 세고 코를 많이 흘린다고 씌어있어 지금도 술자리에서 웃음거리가 되기도 한다.

내 고향 마을은 큰 마을이었다. 그러니 초등학교 학생 수도 많아 7~80명 정도나 되었다. 아침에 학교에 갈 때면 한꺼번에 출발하기는 어렵고 마을 앞에서 자연스레 10여 명 또는 20여 명씩 모여 상급학생들을 따라 학교로 가는데, 매일 몇 명은 울면서 학교에 갔다. 대부분 돈 때문에 학용품 값이나 학교에 내야할 사친회비를 집에서 제날짜에 안주기 때문에 울었다. 때로는 점심 도시락을 가지고 가지 못해 우는 아이들도 있었다. 그러나 비록 배가고프고, 의복은 허름해도 자식 공부시키려는 부모님들의 열망은 컸고, 선생님들 또한 희생과 봉사정신으로 최선을 다해 가르쳤다. 또 청소년들의 배우려는 향학열도 높았다. 그런 것들이 오늘날 잘사는 나라를 만드는데 밑거름이 되지 않았나 싶다.

요즘 우리 청소년들의 학교에 가는 모습을 보노라면 흐뭇한 마음에서 저절로 미소가 떠오른다. 깨끗하고 세련된 옷을 입어 모두 예쁘고 명랑하고 씩씩한 모습들이다. 학교에 가면서 울고 가는 학생들은 구경 할 수가 없다. 우리 청소년들의 패기 발랄한 모습을 보면 우리나라의 밝은 미래를 보는 것 같아 마음이 느긋해진다. 학부모들은 사교육비 때문에 힘들다면서 조기유학이나 어학연수도 보내는걸 보면 우리국민들의 교육열이 정말 대단 하다는 생각이 든다. 어떤 사람들은 조기유학의 폐단을 많이 지적하는데 나는 조기유학을 보낼 능력이 있고 자질이 있는 학생이라면 많이 보내야 한다고 생각한다. 조기유학은 어제오늘의 일이 아니다. 신라시대 최치원이 868년 12세의 나이에 당나라로 유학을 떠났던 것만 봐도 조기유학을 탓할 일은 아닌성싶다. 그러나 능력이나 자질도 없는 학생을 돈 많은 부모의 과시욕 때문에 보내는 유학은 패가망

신과 나라망신을 함께 시키는 일임을 명심해야 할 것이다.

어느 누구에게나 세상을 사는 과정에 독일의 작가 안톤 슈낙의 "우리를 슬프게 하는 것들" 의 내용보다 훨씬 많은 가슴앓이나 슬픈 사연들도 있겠지만 나에게 아직까지도 잊혀 지지 않는 가슴 아픈 추억이 하나 있다. 내가 초등학교 2학년 때 어느 겨울, 그날은 날씨가 추웠었다. 우리 집에서 학교까지 4㎞ 정도나 되어 학교에 갈 때는 매일 뛰어다니다시피 했다. 그날 아침도 학교 가는 길에 한참을 뛰어가다 앞서 뛰던 친구가 자빠졌다. 벌떡 일어났는데 엉엉 울기에 왜 우느냐고 물었더니 호주머니에 넣고 가던 달걀이 깨졌다고 우는 것이었다. 그 친구의 손에는 달걀이 반쯤 깨어져 질질 흐르고 있었다. 그래서 우리들은 그 친구에게 기왕 깨진 달걀이니 먹으라고 했다. 그러자 그 친구는 도화지를 사야 하는데 먹어버리면 어떻게 하냐고 하면서 계속 울었다. 그래서 도화지는 내가 줄테니 깨진 달걀이나 먹으라고 자꾸 재촉했더니 울면서 달걀을 먹었다. 그 친구의 모습이 너무도 애달파 함께 학교에 가던 우리 또래 친구들도 우는 친구를 따라 모두 울었던 기억이 생생하다. 달걀 하나 깨진 것 때문에 훌쩍훌쩍 함께 울었던 그 친구들도 이제는 나만큼 늙었다. 간혹 고향친구들과 어울려 소주라도 마시는 날이면 그때 그 시절의 가슴 아픈 추억들은 빠지지 않는 안주가 되곤 했다. 아무리 되풀이해서 들어도 싫지 않은 옛 이야기이기도 하다.

전주 가맥 집 술맛

술은 술 자체적인 맛도 각양각색이지만 마시는 계절이나 기상상태와 시간에 따라서 맛이 다르다. 마시는 장소와 술잔을 부딪치는 상대에 따라서도 맛이 다르다. 아무리 좋은 고급술이라도 날씨 좋은날 대낮에 골방에 쭈그리고 앉아 혼자 마신다고 생각해보라. 그 술맛이 어떠하겠는가. 그러나 값싼 술이라도 꽃피고 새들이 노래하는 봄날 땀을 뻘뻘 흘리며 높은 산 성상에 올라 친한 친구들과 잔을 부딪치며 마신다면 그 맛은 잊기 어려운 환상적인 맛이 될 것이다.

술맛은 사는 처지도 엇비슷하고 나이도 같은 또래들끼리 장소도 부담가지 않을 정도로 편안한 곳에서 마시는 술이라야 제대로 된 술 맛이 난다. 그래서 옛 선비들은 이런 술자리는 짚방석도 필요

없이 낙엽위에 앉아 솔불도 지필 것 없이 어제 진달을 기다리며 안주도 특별히 준비하지 않고 쓴 나물을 안주삼아 무진무진 술을 마시면서 시를 논하고 인생을 노래했던가보다.

언젠가 독일을 방문하여 푸랑크푸르트의 관광명소를 둘러보고 저녁나절에 작센하우젠을 찾았다. 작센하우젠은 어부, 도공, 제빵업자, 포도나 사과를 재배하는 농부들이 저녁나절이면 자연스레 모여 술을 마시던 곳에 술집 거리거리가 형성되었고, 지금은 술을 좋아하는 지구촌의 여행객들이 줄을 지어 많이 찾는 명소중의 하나다. 작센하우젠에서 독일의 술꾼들과 어울려 아벨바인(사과로 만든 와인)과 각종 맥주를 마시면서 하루 종일 관광에 지친 피로를 푼 적이 있다.

술을 마실 줄 모르고 술의 매력을 모르는 사람들은 작세하우젠에서 와인이나 맥주를 마시면서 또는 마시는 광경을 바라보고도 아무런 감흥을 느끼지 못해 지루했겠지만 나는 작센하우젠에서 맥주를 마시면서 우리고장 전주의 맛과 정이 넘쳐흐르는 가맥 집 생각이 났다. 서울에 사는 내 친구들은 전주만 생각하면 전주 전일슈퍼의 맥주와 안주 생각이 나서 입에 침이 고인다고 한다. 서울 친구들뿐만 아니라 전주에서 가맥을 마셔본 사람들은 가맥 집의 독특한 분위기와 술맛을 잊지 못한다고 한다.

전주의 가맥 집은 전주만의 색다른 독특한 술집이다. 가맥 집은 알아듣기 쉽게 풀어쓰면 가게 맥주집이다. 동네의 허름한 슈퍼에서 파는 맥주와 값싼 안주가격으로 술을 마시는 독특한 술 문화다.

인심 후하고 솜씨 좋은 아주머니가 운영하는 동네슈퍼마켓에 호주머니가 가벼운 직장인들이나 용돈이 많지 않은 대학생들과 노동자들이 하나둘 모여 맛있는 안주에 맥주를 값싸게 마시면서 가맥의 역사는 시작되었다.

전주에는 가맥 집이 많기도 하지만 가맥의 원조이기도 하고 가장 인기 있고 소문난 집은 전일슈퍼다. 전주에서 아무택시나 올라타 전일슈퍼에 가자고 하면 모르는 운전기사가 없을 정도다. 전일슈퍼는 전주시청 앞 노송광장에서 인쇄거리를 지나 전북대하교 평생교육원 옆에 있다. 그곳은 지금도 옛날 동네 슈퍼 그대로다. 슈퍼 한쪽구석엔 과자나 음료수 등 생활용품도 있다. 그러나 주로 맥주를 마시는 손님들이 많다. 1.2층 합하면 70~80여명이 앉아 술을 마실 수 있는 공간인데도 저녁나절이면 자리를 잡기가 수월치 않다. 같은 안주에 맥주를 파는데도 전일슈퍼가 이처럼 인기가 있는 것은 주인아주머니의 변함없는 후덕한 인심은 물론, 최고로 좋은 황태와 갑오징어를 선별하여 연탄화덕에 주인아주머니가 직접 적당히 구워 주기 때문이다. 하지만 무엇보다도 수물 다섯 가지를 넣어 반든다는 날싹지근하면서도 짭조름 하고 매콤한 독특한 맛의 간장 때문이다.

이 간장을 만드는 법은 전일슈퍼 주인아주머니만이 아는 비방으로 알려져 있다. 다른 사람들은 이 맛을 흉내도 내기 어렵다. 이 간장에 청양고추를 잘게 썰어 넣은 다음 황태나 갑오징어를 찍어 안주삼아 맥주를 마시면 맥주가 마른논에 물들어가듯 한없이 빨려

들어간다. 이 맛 때문에 한번 찾은 손님은 계속 찾아와 문전성시를 이룰뿐더러 간혹 유명 인사나 벼슬이 높으신 분들도 찾는다고 한다. 전일슈퍼가 특별히 잘하기는 하지만 전주에는 이와 비슷한 집들이 많을 뿐더러 다른 가맥 집들도 나름대로 특색도 있고 맛도 다양하여 찾는 손님들도 많다.

전주하면 맛의 고장으로 먹을거리에 대해서는 비빔밥, 콩나물국밥, 한정식은 물론 전주시에서 막걸리도 홍보하여 전국은 물론 국제적으로도 많이 알려져 있다. 그런데 가맥은 다소 소문이 나기는 했어도 아직 잘 알려져 있지 않다. 이렇게 맛있는 술맛을 우리 전주사람들만 즐기기에는 너무 아깝고 인색하다는 생각이 든다. 차제에 전주시에서 가맥을 전주의 명품 맛으로 전국은 물론 지구촌에 널리 홍보하여 독일의 작센하우젠 거리처럼 전주의 가맥 거리가 국내에서는 물론 세계적인 명소로 발전했으면 한다.

막걸리

막걸리라고 하면 우리 술의 대명사처럼 느껴질 만큼 서민 대중들이 가장 즐겨 마신 우리민족 고유의 술이다. 한때는 청와대에서 대통령도 자주 막걸리 파티를 했다고 한다. 막걸리는 주로 가정에서 직접 만들어 마시다가 정부의 허가를 받은 양조장에서만 술을 만들도록 제도가 바뀌면서 시골에서는 양조장집이 제일 부자였다. 가정에서 사용으로 만들어먹는 술도 엄격하게 규제하고 양조장에서만 술을 담그는데 양조장은 면단위로 하나만 허가를 해주기 때문에 독과점이 돼서 양조장은 황금알을 낳는 거위였다. 그러니 술맛은 양조장 주인의 마음대로였다. 오죽하면 술맛이 나빠지면 양조장집 영감 투전해서 돈 잃었나보다는 풍문이 나돌았을까? 양조장집 영감은 투전판에서 돈을 잃으면 술도가지에 물만 몇 동이 더 부으면 된다는 데서 비롯된 말일게다. 그러니 가정에서 애 · 경사를 치르면서 초대한 손님들에게 맛없는 술대접을 하려면 미안하여 양조장 사장에게 술을 잘 만들어 달라고 특별히 부탁을 하기도 하고 양조장 사장의 양해를 얻어 집에서 가양주를 만들어 대접하기도 했었다.

양조장의 횡포나 정부시책이 잘못되어 막걸리 맛이 떨어져도 국민들은 울며 겨자 먹기로 그 막걸리만 먹을 수밖에 없었다. 막걸리가 제 맛을 잃고 우리 국민들이 막걸리를 외면한 것은 식량사정은 어렵고 외국에서 밀가루가 많이 들어와 막걸리의 원료를 밀가루로 대체 하면서부터 막걸리 맛이 떨어졌다. 막걸리가 애주가들로부터 외면당하게 되자 시골에서 제일부자였던 양조장집도 전업을 하거나 아니면 망해버렸다. 식량 사정이 다소 좋아지면서 막걸리를 다시 쌀로 만들어도 애주가들의 입맛은 이미 소주와 맥주에 길들여져 막걸리를 다시 찾지 않을뿐더러 요즘은 외국산 와인 수입이 날로 증가하고 있고 상류층들이 우리 막걸리는 안중에도 없고 와인에 열을 올리고 있어 퍽 안타깝다.

몇 해 전부터 전주시와 뜻있는 주점에서 막걸리를 살리려고 노력해서인지 애주가들 사이에 막걸리집이 꽤 인기가 높아졌다. 나도 다정한 친구와 막걸리 집을 찾은 적이 있다. 막걸리집의 분위기는 등불에 '정철의 장진주사'(자 한 잔 하세 그려) 문구도 보이고 술꾼들의 정취를 살리려고 노력한 주인의 세심한 배려를 엿볼 수 있었다. 막걸리 한 주전자를 주문하자 전복죽이 나왔다. 전복죽을 먹는 사이에 안주를 들고 와 상을 차리는데 술안주는 돼지족발,다슬기수제비,삼합,옥수수,고구마,갈치조림,고추볶음,물김치,꽃게무침,오이김치,마늘쫑,호박잎,야채전,삶은달걀,고구마,번데기,고동 등 무려 17가지나 되었다. 술맛은 옛날만 못해도 그런대로 괜찮은 편이고, 안주도 푸짐하여 젊은 시절 이야기 하면서 마시면 서너 주전자는 마실 텐데 그날따라 동행한 친구가 자동차를 운전해야 한다고 술을 마시지 않아 한주전자만 마시고 술값 12,000원을 주고 나오려니 주인아주머니 보기가 퍽 미안스러웠다. 그러나 막걸리를 살리고 주점이 돈벌이도 되도록 하려면 새로운 마케팅 전략을 세워야 될 것 같았다.

소주나 맥주, 위스키, 와인은 대기업에서 생산하고 판매하기 때문에 맛이나 생산 기술도 지속적으로 향상되고 선전도 많이 하는데 막걸리는 생산자나 판매자 모두 영세하여 주점마다 많은 노력을 하고 있지만 맛도 제각각 이며 알코올 도수도 주점마다 다르다. 그렇게 항상 제자리걸음을 하고 있으니 소비자들에게 외면당하는 건 어찌 보면 당연한 이치리라. 그러나 우리의 대표적인 민속주를 시장경세의 원리에만 맡겨서는 안 된다는 생각이 든다. 어느 집안이나 대부분 가양주가 전해져오고 지역에 따라서도 전통주가 전해져 오며 나라마다 그 나라의 대표적인 술이 있다. 우리나라에 전통적으로 내려온 막걸리는 건강에도 좋고 맛도 좋은데 이런 술을 담그는 분들은 대부분 나이가 많은 할머니들이어서 전통이 사라질 위기에 놓여 있다. 우리의 전통 술맛을 살리려면 집안이나 지역에

솜씨 좋은 할머니들의 손길이 필요 할 텐데……. 소주와 맥주회사 그리고 양주나 와인 등 외국 술 수입업체에 한국 전통주 발전 진흥 기금을 내도록 해서라도 우리조상 대대로 즐겨 마셔온 막걸리의 고유한 맛을 찾아 후손들이 길이길이 즐겨 마시고 세계적인 명주로 발전 시켰으면 한다. 앞으로 막걸리를 자주마시면서 막걸리 홍보대사로 나설 참이다.

(2008. 여름.)

바둑에 얽힌 추억

바둑의 기원은 여러 가지 설이 많지만 대체로 중국에서 만들어졌다는 설이 유력하다. 우리나라에서는 삼국시대 고구려의 승려 도림이 백제의 개로왕과 바둑을 두었다는 이야기가 삼국유사에 전해지고 있다. 그리고 백제문화가 일본으로 전해지면서 바둑도 함께 전해졌다고 한다. 이렇듯 바둑의 역사는 오래되었다. 흔히 바둑을 신선노름에 비유한다. "신선노름에 도끼자루 썩는 줄 모른다."는 속담도 있다. 어떤 나무꾼이 신선들이 바둑 두는 것을 넋을 잃고 구경하다가 제 정신이 들어보니 많은 세월이 흘러 도끼자루가 썩었다는 옛날이야기에서 비롯된 속담이다. 이렇듯 바둑은 두는 사람이나 구경하는 사람이나 세월 가는 줄 느끼지 못할 정도로 재미있고 격조도 높은 오락이다.

아버지는 어린 시절 우리 형제들에게 바둑을 가르치셨다. 그래서 우리 형제들은 명절이나 가족들이 모일 때면 바둑을 많이 둔다. 아버지는 바둑의 포석이나 사활도 가르쳐 주셨지만 바둑에 관한 고사성어도 많이 알려주셨다. 바둑판 전체를 보지 않고 앞만 보고 공격하면 공피고아功彼顧我 또는 성동격서聲東擊西라 했고, 작은 것에 집착하면 소탐대실小貪大失이라 했다. 바둑을 두다 보면 다섯 가지의 삶에 대한 교훈도 얻을 수 있다고 하셨다. 득호우得好友 즉 좋은 친구를 얻을 수 있고, 득심오得心悟 즉 마음의 깊어짐을 얻을 수 있으며. 득인화得人和 즉 사람끼리 친함을 얻을 수 있고, 득천수得天壽 즉 하늘이 내린 나이를 살 수 있으며, 득교훈得教訓 즉 인생의 교훈을 얻을 수 있다고 하셨다.

바둑에서 얻는 것도 많지만 바둑을 두다가 제 할 일을 소홀히 해서 낭패를 보는 경우도 더러 있다. 나도 바둑을 두다가 낭패를 본 적이 한두 번이 아니다. 나보다 한 살 많고 학교도 1년 선배인 집안 아저씨와 나는 군대에 입대하기 전부터 바둑이 호적수였다. 군대 제대 뒤 결혼하기 전 직장도 없고 농사일에 별로 흥미도 없어 우리는 거의 날마다 바둑을 두며 놀았다. 함께 바둑을 두다보면 날이 새는지, 비가 오는지, 모든 걸 잊고 바둑에만 열중했다. 흑과 백이 수시로 바뀌었다. 백을 빼앗긴 날은 밤에 잠을 자려고 하면 천장이 온통 바둑판으로 보이고 밥상위의 반찬그릇들이 바둑알로 보였다. 백을 차지한 쪽은 백을 지키려 하고 흑을 차지한 쪽은 백을 찾으려고 수시로 만나 바둑을 두었다.

광주로 취직시험을 보러 가서 날을 새고 바둑을 둔 일을 생각하면 쓴 웃음을 금할 길이 없다. 시험 전날 광주에 가서 시험장소 가까운 여인숙을 정했다. 여인숙 주인더러 내일아침 시험 보러 가야하니 일찍 깨워 달라고 부탁하고 공부를 시작했다. 한참 공부를 하다가 윗목 바둑판에 둘의 시선이 함께 멈췄다. 딱 한 수만 하고 일찍 자자고 약속을 했는데 두다보니 날이 새버렸다. 주인아저씨가 시험 보러 안 가느냐고 문을 두드릴 때까지 두었다. 허둥지둥 시험장으로 달려가 시험을 보고 돌아오면서 후회를 많이 했다.

바둑을 두다보면 무리를 하는 경우가 더러 있다. 무슨 일이나 과하면 부족한 것만 못하다는 말이 맞는 말이다. 요즘은 바둑이 스포츠로 지정되어 아시안게임 정식종목으로도 채택되어 바둑 인구가 많이 늘어나고 있다. 어린이는 물론 군대에서도 바둑을 가르치는 곳이 있다고 한다. 국민들의 정서함양에 퍽 좋은 일이란 생각이 든다. 그러나 과하면 부족한 것만 못하다는 교훈을 명심해야 할 일이다. 나는 50년 이상 취미로 바둑을 두었다. 간혹 바둑에 너무 많은 시간을 소모하지 않았나, 후회한 적도 있다. 그러나 바둑은 평생 함께할 좋은 취미라 생각한다.

(2012. 2. 22.)

애칭

내가 초등하교 입학하기 전에는 이름보다 애칭을 많이 부르고 자랐다. 의술이 발전하지 못해 유아 사망률이 높아서인지 실제 생년월일 보다 호적상 나이가 한두 살 적을뿐더러 이름도 호적과는 거리가 먼 아이들도 많았다. 어린 시절 동네에서 부르던 애칭은 동네개, 수캐, 실정쇠, 조왕쇠, 철룡쇠, 꺽쇠, 쪼간이, 예쁜이, 딸고만이, 후남이 등 웃기는 애칭들이 많았었다. 이러한 애칭들은 무병장수 하라는 주술적 의미도 있고 귀엽다거나 아들 낳기를 기원하는 뜻에서라니 다소는 애교스런 면도 없지 않다.

이러한 애칭들은 초등하교에 입학한 뒤 대부분 사라지고 새로운 애칭이나 별명들이 생겼다. 초등학교시절 붙여진 애칭이나 별명은 대부분 짓궂은 친구들이 놀려대기 위해서 만든 것들이었다. 돌대가리, 소대가리, 닭대가리, 새대가리, 코보, 눈깔보, 대갈보, 염소, 찍소, 장닭, 굼벵이 등 주로 신체적인 특성이나 어둔한 행동들이 별명으로 만들어졌다. 지금도 간혹 짓궂은 친구들은 어린 시절 놀려대던 별명을 자꾸 부르는 경우가 있다. 그런데 놀려대는 쪽에서는 재미가 있을지 모르지만 당하는 쪽에서는 다소 곤혹스러울 때도 있을 것이다.

내가 면장으로 있을 때 우리 면사무소에 체격이 좋고 운동도 좋아하며 항상 웃는 직원이 있었다. 인상이 좋은 최 주사에게 이장들이 떡붕어라고 부르니까 주민들까지도 떡붕어 주사라고 불러 최 주사는 졸지에 떡붕어가 되어버렸다. 부르는 이장들은 그냥 장난삼아 부르지만 매일 듣는 최 주사는 나이 많은 이장들이 웃으면서 부르니까 화를 낼 수도 없고 그렇다고 매일 받아주자니 기분이 좋지는 않다고 했다. 그래서 이장들이 많이 모인 술자리에서 앞으로 최 주사에게 떡붕어라고 부르는 이장은 한번 부를 때 마다 한 가지씩 불이익을 주고, 대신 참붕어라고 무르면 부를 때 마다 술 한 잔씩 사주겠다고 농담을 했다. 그랬더니 모두들 웃으면서 앞으로 참붕어라고 부르자고 했다. 그러나 한번 붙여진 애칭은 쉽게 변하지 않았다.

80년대에 한창 수석이 유행할 때 나도 몇 번 탐석을 해본 경험이 있다. 그런데 별로 신통치 않은 돌도 좌대를 한 뒤 이름을 근사하게 지으니까 매우 그럴듯하고 의미 있는 수석처럼 보였다. 무엇이던지 이름을 잘 지어야함을 깨달은 바 있다. 그래서 사람들은 이름을 잘 지으려고 많은 돈을 들여 유명한 작명가를 찾아 나서는 게 아닌가하는 생각이 들었다. 우리 동네에서 부르던 동네개, 수캐는 일찍 죽어버렸다. 사람에게 단명한 개를 빗대어 애칭을 붙여 불러서 그런 건 아니겠지만, 그런데 애완용 개를 기르면서 사람 이름을 붙여 부르는 사람들이 있는데 개가 아무리 귀엽다손 쳐도 개에게 사람 이름을 붙여 부르는 것은 바람직하지 못한 것 같다. 다정한 친구 간에도 그 사람의 허물이 되거나 그 사람이 듣기 싫어하는 애칭을 부르기 보다는 듣기 좋고 호감이 갈 좋은 애칭을 붙여주어야 할 것이다. 그렇게 부르면 친구사이에 정도 도타와지고 부르는 사람의 품위도 한껏 높아져 보일 게 아닌가.

잊지 못할 쑥국 맛

보름 안에 나물국 세 번 먹으면 한해를 건강하게 지낸다는 속설이 있다면서 어머니는 이른 봄 이면 냉잇국이나 쑥국을 자주 끓여 주셨다. 그래서인지 봄이면 나물국이 생각난다. 기축년 입춘 날(2009.2.4.) 새벽 매곡교 주변에서는 새벽시장에서 쑥을 팔고 있는 할머니를 발견하고 반가워 할머니에게 벌써 쑥이 이렇게 많이 자랐느냐고 물었더니 할머니는 들에서 캔 쑥이 아니고 비닐하우스에서 재배한 쑥이라고 정직하게 말씀하셨다. 할머니의 솔직함이 마음에 들었다. 그 쑥을 사들고 왔더니 아내도 쑥 냄새를 맡아 보면서 퍽 좋아하여 나또한 기분이 좋았다. 아내가 정성들여 끓여준 쑥국을 먹노라니 14년 전 친구부인이 끓여준 쑥국 생각이 났다.

14년 전(1995년) 요맘때 행정사무관 승진시험공부를 하기위해서 책을 빌리려고 도청에 근무하는 친구에게 전화를 했더니 책을 갖다 주었으면 하겠지만 설명해줄 것도 있으니 나더러 친구 집으로 오라고 했다. 친구는 책을 빌려주면서 공부하는 요령과 공부하면서 힘들었던 경험담도 자상하게 들려주었다. 공부를 많이 해서 그런지 책이 많았다. 책 두보따리를 싸들고 나오려고 하니까 친구 부인이 저녁밥을 먹고 가라고 했다. 밥상에는 쑥국이 있었다. 고기국을 끓이려다 시험공부를 하신다기에 쑥국을 끓였다고 해서 친구 내외에게 깊은 고마움을 느꼈다. 공부할 기간도 짧은데 책 보따리를 쳐다보니 밥맛이 나지는 않았지만 친구내외의 사려 깊은 마음에 보답하려고 맛있게 먹었다. 그때 먹었던 쑥국 맛은 쑥의 향기도 좋았지만 인정 많고 사려 깊은 친구내외 마음의 향기까지 서려 있어서 두고두고 잊혀 지질 않는다.

쑥은 예로부터 의초라 불리기도 했으며 곰과 호랑이가 사람이 되기 위해 먹었다는 단군신화에도 나오는 신성한 식물이기도하지만, 생명력이 강하고 어디에서나 쑥쑥 잘 자라고 우리 사람들에게 퍽 유익한 식물이다. 우리들은 어린 시절 장난을 하다가 코피가 나면 쑥을 비벼서 코를 막기도 하고 손을 베거나 상처가 난 곳에도 으깨서 붙였다. 또 냇가에서 목욕을 하면서 잠수 할 때는 쑥으로 귀를 막았었다. 떡을 해먹기도하고 여름에 더위를 먹거나 밥맛을 잃었을 때 즙을 내먹기도 한다. 친구내외는 이러한 쑥의 효능을 잘 알고 책을 빌리러간 친구가 사무관 승진시험에 꼭 합격하기를 바라는 간절한 마음을 담아 저녁밥을 준비하면서 쑥국을 끓여 주었던 모양이다. 그 뒤 나는 친구의 책을 싸들고 모악산 고시원에서 친구가 빌려준 책과 두 달 보름간 씨름했다. 친구가 공부를 많이 하면서 구입한 책들과 자료들이 충분해서 다른 책은 하나도 사지 않고 친구의 책만으로 공부를 해서 사무관승진시험 에 합격했다.

그런데 빌려온 책을 되돌려주면서 책만 되돌려주고 고마움을 표현하지 못했다. 그래서 해마다 봄이면 올봄에는 친구내외를 초청하여 저녁식사라도 대접하면서 그때의 고마웠던 마음을 전해야 하겠다고 다짐은 여러 번 했지만 실행에 옮기지 못하고 어언 14년이 흘러버렸다. 별로 바쁘지도 않은데, 조금만 신경 쓰면 될 일인데도 미루다 지나치고 후회한다. 나는 지금까지 가진 것도 없이 살아오면서 사람들에게 신세를 많이 졌다. 그러니 금년 봄에는 쑥국 대접받은 빚부터 갚아야겠다. 그리고 차츰 차츰 살아오면서 신세진 일들을 하나하나 챙겨서 고마운 빚을 갚으며 살 생각이다.

좋은 사람들을 만나는 법

빙그레 웃음이 나온다. 어떤 때는 쿡쿡 소리를 내어 웃을 때도 많다. 혼자 웃다가 아내에게 들켜 당신 왜 요즘 혼자 잘 웃느냐고 물으면 그냥 웃을 일이 많아서 그런다고 받아 넘긴다. 혼자 웃는 까닭을 모르는 아내는 궁금한 모양이지만 나는 그냥 넘어간다. 내가 혼자 잘 웃는 까닭은 요즘 나는 좋은 사람들을 많이 만나기 때문에 스스로 즐거워서 혼자도 잘 웃는다. 오늘아침 산책길에서도 좋은 사람들을 많이 만났다. 나에게는 좋은 사람들을 많이 만나는 법을 알게 된 동기가 있다.

정년퇴임을 한 뒤 전북대학교 평생교육원 수필창작과정에 입문하여 수필공부를 하면서 좋은사람들을 만날 수 있는 방법을 알게 되었다. 수필을 강의하시는 김학 교수님은 수업을 시작하기 전에 숙제검사를 하신다. 숙제는 남을 칭찬하라는 것이다. 교수님은 좋은 수필을 쓰기 위해서는 마음을 닦고 매사를 긍정적이고 아름답게 보아야 하며 사람들의 내면을 깊이 살펴야한다는 게 교수님의 깊은 속뜻이다.

수강생들은 숙제 발표를 열심히 한다. 남을 칭찬하다보면 스스로도 기분이 좋아져 수필공부는 시작부터 항상 즐겁고 화기애애한 가운데 진행 된다. 그러나 처음 몇 차례는 그간 살아오면서 고마웠던 분들이나 주변에 모범이 될 만한 사람들을 칭찬하다보니 어느새 밑천이 바닥이나 큰 걱정이었다. 곰곰 생각해보니 숙제를 하기 위해서는 칭찬해야할 사람들을 주변에서 찾아야 할 것 같았다. 우리 주변에서 함께 살아가는 사람들의 평범한 일상생활들을 정겨운 마음으로 자세히 살펴보니 아름답고 좋은 모습들이 많이 발견되었다.

아무 생각 없이 지나칠 수 있는 일들도 좋은 감정으로 자세히 살펴보면 모두가 칭찬거리다. 이른 새벽 산책을 나설 때 아파트 관리 아저씨가 새벽부터 누가 보거나 말거나 주변을 깨끗이 청소하고 있었다. 그 모습이 아름답게 보였다. 가까이 다가가 수고하신다고 인사를 한 뒤 아저씨가 이렇게 성실하게 잘하시니까 우리아파트 주변이 제일 깨끗하다고 칭찬해드렸더니 관리아저씨는 퍽 고마워 하셨다. 아마 그 아저씨도 하루 종일 기분이 좋았을 것이다.

교수님은 가족들의 잘하는 일도 발견 하려 노력하고 칭찬 하라고 하신다. 가족들이 가장 가깝고 확실한 고객인데 우리는 일상에서 가족들에게 소홀히 하는 경향이 많다는 것이다. 맞는 말이다.

우선 아내나 아들, 며느리들의 일상에서도 좋은 모습들을 발견하도록 하다 보니 가족들의 행동에서도 예전보다 좋은 모습들이 많이 발견되어 가족관계도 훨씬 부드러워진 것 같다. 그러나 가족들에게는 쉽게 칭찬이 나오질 않는다.

수필공부를 하면서부터 사람들의 일상을 항상 긍정적으로 생각하고 아름답게 보려고 노력하다보니 좋은 모습들이 자주 눈에 띄게 된다. 그 뒤부터는 숙제검사 때 쩔쩔매지 않아도 될 뿐만 아니라, 좋은 사람들을 많이 만날 수 있어 좋고, 아름다운 모습을 발견하게 되면 혼자 빙그레 웃거나 쿡쿡 소리 내어 웃기도 한다. 무학대사님 말씀이 생각난다. "부처님의 눈으로 사물을 보면 모든 사물이 부처로 보인다." 내 눈에도 모든 사람들이 항상 좋은사람들로 비춰졌으면 좋겠다. 수필공부를 부지런히 하면 사물을 관찰하거나 관조하는 능력이 향상 될 것 같은 생각이 든다.

칭찬은 고래도 춤추게 하고, 귀로 마시는 보약이라고도 한다. 칭찬을 하면 칭찬을 받는 사람도 기분이 좋을 테지만 칭찬을 한 나도 기분이 좋다. 앞으로는 아내는 물론 가족들에게도 칭찬을 자주해서 수필공부를 하더니 달라졌다는 칭찬을 듣도록 해야겠다. 가정이 행복하면 사회도 행복한 사회로 발전 할 것이다. 수필공부는 마음을 닦는 공부도 될뿐더러 좋은사람들을 항상 많이 만날 수 있는 기회도 되어 더욱 보람도 느끼고 즐겁기도 하다.

좋은 친구

나이가 들면 건강, 아내, 돈, 취미, 친구가 있어야 한다고 한다. 나는 어린 시절 부모님으로부터 좋은 친구를 많이 사귀어야 한다는 말과 함께 친구는 삼색친구도 중요하지만 구색친구도 있어야한다는 말씀을 자주 듣고 자랐다. 그래서인지 친구들이 많은 편이다. 어린 시절 함께 자란 동네친구, 학교 다닐 때 사귄 동창생, 군대친구, 직장친구, 취미가 같은 바둑, 낚시, 등산, 골프, 테니, 술친구 등 각양각색의 친구들이다.

어떤 친구가 좋은 친구일까? 항상 같은 취미를 갖고 취미생활 하면서 더불어 즐기고 즐거울 때 즐거워해주고 슬퍼할 때 함께 슬퍼해 주면 꼭 좋은 친구라고 할 수 있을까? 독일 제국의 초대총리를 지낸 철혈의 재상 오토폰 비스마르크는 어느 날 친구와 함께

길을 걷다가 늪에 빠진 친구가 구원을 요청하자 구해주기는커녕 친구에게 총을 겨누었다고 한다. 어이가 없는 그 친구는 죽을힘을 다해 늪에서 빠져나온 뒤 비스마르크에게 크게 화를 냈다. 그러자 비스마르크는 "그것 봐, 너 스스로 할 수 있지 않아?" 하더란다. 어려움을 당하면 피하지 말고 당당하게 극복 할 줄 아는 사람이 되라고 했다는 것이다. 친구가 어려울 때 두려워하지 않고 침착하게 생각 할 수 있도록 친구를 이끌었다는 이야기다.

어느 연구기관의 연구결과에 의하면 장수한 사람들의 공통점중의 하나가 친구의 수가 많은 것이라고 발표한 적이 있다. 사람이 살면서 어려운 일이 부닥쳤을 때 그 어려움은 나눌수록 줄어들고 즐거움은 나눌수록 커진다. 그러므로 어려운 일이나 즐거운 일이 생겼을 때 함께 걱정하고 즐거워 할 친구가 많으면 스트레스는 줄어들고 기쁨은 배로 늘어나서 건강한 삶을 유지 할 수 있다. 그런데 친구들의 수가 줄어드는 느낌이다. 새로운 친구들이 불어나기도 하지만 우선 직장에서 정년퇴임 하니 직장에서 사귀었던 친구들과는 만남이 뜸해지고 나이를 먹어감에 따라 아직은 그럴 나이가 아닌데 유명을 달리하거나 투병중인 친구들이 늘어나니 애석한 일이다.

언젠가 전북대학교 평생교육원에서 수필 강의를 하시는 김학 교수님이 강의 중에 친구를 '꽃 같은 친구', '저울 같은 친구', '산 같은 친구', '땅 같은 친구'로 분류해서 말씀하시어 퍽 공감이 갔었다. 꽃 같은 친구는 화려하기는 하지만 꽃이 빨리지는 단점이 있고, 저울 같은 친구는 그때그때 잇속을 따져 왔다 갔다 하니 논할 가치도 없는 친구고, 산 같은 친구는 가기는 쉽지 않지만 가면 아름다운 꽃과 나무, 산새 등 없는 것이 없을 정도로 풍요롭기도 하지만 듬직하게 변함이 없으니 좋은 친구며 땅 같은 친구는 매일 만날 수 있을 뿐만 아니라 마무 때나 변함없이 받아주니 제일 좋은 친구라는 설명을 듣고 친구에 대해 곰곰 생각해본 적이 있다.

친구 간에는 신의를 지켜야한다는 붕우유신朋友有信, 쑥도 삼과 함께 자라면 스스로 바르게 자란다는 봉생마중 불부자직蓬生麻中不扶自直, 가난할 때 사귄 친구를 잊어서는 안 된다는 빈천지교 불가망貧賤之交 不可忘이란 고사성어는 물론 관중과 포숙의 이야기 등 친구에 관한 교훈적인 말들도 많다.

그러나 친구끼리는 나이가 들수록 입을 벌리는 횟수보다 지갑을 벌리는 횟수를 늘려야 좋다고 한다. 그래서 나도 자주 만나지 못한 친구들 불러 시원한 맥주라도 함께 마시면서 무더운 여름을 시원하고 건강하며 즐겁게 보내고 싶다.

나는 다른 친구에게 과연 어떤 친구로 비쳐질까?

(2008. 7.)

20년 전의 불효자

세상이 너무 빠르게 변하여 종잡을 수가 없을 정도다. 10년이면 강산도 변한다는 속담은 먼 옛날이야기가 되었다. 어떻게 빨리 변하던지 요즘은 쌍둥이도 세대차가 난다고 한다. 나는 스마트폰이 없지만 스마트폰 세상이 되었다. 1990년대 초반 까지만 해도 호출기를 소유한사람들은 폼을 재느라 속주머니에 넣고 다니질 않고 허리띠에 차고 다녔고, 휴대전화는 아예 손에 들고 다녔다. 그런데 요즘은 호출기는 자취를 감춘 지 오래다. 컴퓨터와 휴대전화가 결합된 스마트폰이 등장하여 인터넷이나 전화, 정보검색, 게임, 음악은 물론 영화도 보고 금융업무도 담당해주는 세상이 되었다. 통신수단만의 변화가 아니다. 우리네 삶의 모든 분야가 빠른 속도로 변화하고 있다.

1990년대 초반의 일이다. 아버지의 장례식을 장례식장에서 모셨다하여 집안 어른들은 물론 동네 노인들로부터 불효자 소리를 듣는다고 하소연 하는 친구가 있었다. 어른들이나 동네 노인들의 의견은 병원에 계시다가도 운명 할 때는 집으로 모셔야 하는데 집에서 곱게 돌아가신 어른을 장례식장으로 모신 처사는 온당치 못하다는 것이었다. 그러나 20년이 지난 지금 돌이켜보면 장례식장에서 장례를 모신 사람들이 선구자였다. 1992년 일본을 방문 했을 때 장례 문화에 대한 설명을 들었다. 일본은 전부 장례식장에서 장례를 치른다고 했다. 나는 우리나라도 머지않은 장래에 장례문화가 바뀔 것이라 예측 했었다. 그 뒤 사업을 하는 친구에게 장례식장을 해보라는 권유를 하기도 했었다. 결혼은 두 사람이 한 번에 한 시간쯤 걸려 하지만 장례는 한사람이 주로 사흘간이나 사용하니 그 수요가 많을 것이라는 생각이 들었다. 또 사업성도 있을 것 같았다. 지금도 가끔 장례식장을 갈 때면 그 친구의 하소연과 장례식 사업을 권유했던 생각이 난다.

요즘 우리나라 사람들의 수명이 길어져 노인 인구가 많이 늘어나 다부니 이곳저곳에 노인 요양병원이 많아졌다. 농담 잘하는 친구가 세상에서 제일 위험한 장소가 어디냐고 물어 대답을 못했더니 안방이라고 해서 웃은 적이 있다. 우리나라 사람들은 죽을 때 주로 안방에서 죽으니 안방이 제일 위험한곳 이라했다. 이제는 우리나라 사람들의 제일 위험한 장소가 요양병원으로 바뀔 날이 오고 있다. 죽음을 안방이 아닌 요양병원에서 맞이하는 사람들이 늘고 있으니 말이다. 그런데 지금도 몸이 많이 불편하여 거동도 못하는 노인들을 요양병원에 모시면서 상당히 고민하는 가족들의 모습을 자주 접한다. 요양병원을 제대로 이해 못하는 주변사람들의 시선 때문이다. 우리 형제들도 어머니가 돌아가시기 전 요양병원에 모셨다 하여 어머니 친구들 중에도 좋지 않은 말을 한 사람들이 있었다는 이야기를 들었다. 어머니는 돌아가시기 전 75일간 요양병원에 계셨다. 큰형님과 둘째형님 그리고 내가 정년퇴임 뒤라 교대로 어머니병실을 한시도 비우지 않았다. 토요일이나 일요일에는 직장에 다니는 동생들이 그리고 가족들이 수시로 어머니 병실을 찾았다. 어머니가 임종하실 때는 옷도 한복으로 곱게 입혀드리고 형제들과 며느리들까지도 모두 어머니의 임종모습을 지켜보았다. 그런데도 주변사람들의 시선이 곱지 않았다니 어처구니가 없었다. 아마 형제들 중 누구 한 사람 집에서 모셨다면 어머니 병실을 그렇게 지키기가 어려웠을 것이고, 가족들이나 일가친척들이 수시로 찾아오기도 힘들었을 것이다.

이제는 노인요양병원의 인식을 달리해야 할 때가 되었다. 내가 살던 집에서 임종을 해야 한다는 생각을 바꿔야한다. 요양병원은 유능한 의료진과 친절하고 자상한 호스피스들이 있어 전문적인 보살핌을 받으며 안방에서 임종하는 것보다 더 안락하고 품위 있게 임종을 맞이할 수 있는 곳이다. 20년 전의 불효자가 선구자가 되듯이 지금 요양병원에 입원시킨 자손들도 세월이 지나면 선구자소리를 듣게 될 것이다. (2011. 8.)

가을 산행

가을 산행은 가난한 친정에 가는 것보다 낫다고 한다. 우리나라의 가을 산은 먹을거리가 풍성하다는 뜻일 것이다. 며칠 전부터 평소 친하게 지낸 형님 내외와 아내가 전화를 주고받더니 모처럼 가을 산이나 한번 다녀오자고 약속을 했다. 나도 기쁜 마음으로 찬성했다. 그 형님 내외는 우리고장 산들의 지형과 특성을 잘 안다. 어느 산에는 봄에 고사리 등 산나물이 많이 나고, 산딸기는 어떤 산골짜기에서 많이 나는가, 으름과 다래는 어디에서 어느 시기에 딸 수 있는지 훤히 알고 있다. 그러기에 그 형님 내외와 함께하는 산행은 항상 수입이 짭짤하다.

더욱이 이번에는 성수산으로 가자고 해서 더욱 마음에 들었다. 우리고장 임실군 성수면에 있는 성수산은 사계절 항상 경치가 아름답다. 봄이면 잔설이 녹기 전부터 생강나무가 꽃망울을 터트리고 뒤를 이어 이름 모를 각종 야생화들이 서로 시샘하듯 꽃을 피워 꽃이 만발할뿐더러 고사리, 취나물, 두릅 등 산나물들도 많이 난다. 여름이면 계곡에 흐르는 물이 맑고 시원할뿐더러 잘 가꾸어진 활엽수 그늘이 많아 휴가철 피서에도 좋은 장소다. 가을이면 단풍도 아름답지만 도토리, 밤, 머루, 다래, 으름은 물론 능이버섯, 송이버섯, 싸리버섯 등 먹을거리가 많이 나기도 한다. 이렇듯 성수산은 주민들에게 좋은 먹을거리도 제공해주고 좋은 정기를 뿜어내어 훌륭한 인재를 많이 배출한 명산중의 명산이다.

고려와 조선의 건국 설화가 살아 숨 쉬고 있는 곳이기도 하다. 고려 태조 왕건은 도선국사의 권유로 성수산에서 백일기도를 드리고 계곡의 바위틈에서 흐르는 맑은 물로 목욕 후 관음으로부터 고려 건국의 계시를 받았다고 한다. 건국의 계시를 받은 왕건이 너무 기뻐 목욕했던 곳에 환희담歡喜潭이라 일필휘지 하였고 그곳에 도선국사가 암자를 지어 도선암이라 명명했는데 그 암자가 지금의 상이암이 되었다. 조선 태조 이성계도 무학대사의 권유로 성수산의 정기를 받으며 100일 기도를 드리던 중 장차 임금이 될 길몽을 꾸고 너무 기분이 좋아 친필로 삼청동三淸洞이라 썼다고 한다. 이성계가 쓴 삼청동이란 돌은 어필각이란 이름으로 오늘날 까지 보존하고 있다.

우리 일행이 성수산을 찾은 날은 추석이 지난 9월27일 월요일이어서 사람들의 왕래가 거의 없어 한적했다. 아침저녁으로 전주

천 산책은 자주하지만 산행할 기회가 적었는데 모처럼 임실군청에 근무할 때 자주 오르던 성수산엘 오니 기분이 좋았다. 평소 노래를 잘 부르지 못하지만 흘러간 옛 노래가 절로 나와 흥얼거리기도 했다. 형님 내외를 따라 능이버섯 사냥에 나섰다. 능이버섯이 나는 곳은 상당히 깊고 높은 계곡이었다. 능이버섯을 찾아 오르는 중간에 으름이 많이 열려 있었으나 좀 이른 것 같아 다음 주쯤 따러오자고 약속하고 아껴두었다. 능이버섯을 먹어본 경험은 있지만 따본 경험이 없는지라 어떤 곳에서 어떤 모습으로 자라는지 궁금했다. 능이버섯은 맛과 향이 좋기도 하지만 암 예방과 기관지천식, 콜레스테롤 감소에도 효과가 크다고 하여 매우 인기가 있다.

땀을 뻘뻘 흘리며 산 정상에 거의 다 오를 무렵, 앞에 걷던 형님이 능이버섯이 있다고 얼른 오라고해서 달려갔다. 능이버섯은 참나무가 우거진 7부 능선 이상의 북향에서 군락을 이루어 자생한다. 우리 일행이 발견한곳도 참나무가 많이 자생하고 있으며 산의 8부 능선쯤에 군락을 지어 자라고 있었다. 버섯은 나무껍질이나 낙엽과 비슷한 보호색을 띠고 있어 발견하기가 쉽지 않다. 그러나 그 골짜기가 버섯이 많이 나는 곳인지 초보자인 내 눈에도 자주 띄어 나도 많이 따고 아내는 나보다도 더 많이 땄다. 우리보다 더 많이 딴 형님내외가 나누어 주기도 해서 아내는 돈 주고 사려면 30만원어치는 된다고 무척 흐뭇해했다. 산에서 내려와 준비해간 도시락과 매실주를 곁들여 점심을 먹었다. 땀을 흘리고 산에 오르고 버섯까지 많이 따서 무척 기분이 좋으니 밥맛이나 술맛 모두가 꿀맛이었다. 가난한 친정을 다녀온 부부들보다 더 행복한 하루였다.

(2010. 9.)

6부

동풍서풍東風西風

돼지들의 해외여행
멀지만 가까운 나라
닭이 알려준 지하 도시
포세이돈 신전에서
"좋은 사람들"의 대마도 여행
빠르게 따라오는 중국
샌디에고 암탁
아리랑을 들으며

돼지들의 해외여행

돼지띠 일곱 명이 임실군청에서 근무하다 정년퇴임 했다. 우리 돼지띠 동갑내기 친구들은 젊었을 때는 물론 나이가 회갑을 지난 지금도 서로가 '돼지 같은 놈' 이라 부른다. 나이가 동갑이라 어떤 호칭으로 불러도 괘념치 않지만 우리들은 특히 돼지띠들이라 돼지 같은 놈이라 부르며 서로 웃기 일쑤다. 작은 직장이라 때로는 승진이나 보직이 바뀔 때 앞서거니 뒤서거니 하면서 마음에 서운한 일들도 더러 있었다. 그래도 동갑내기라는 동질감이 더 앞섰기에 우리들의 우정은 깊었다. 직장생활을 하면서 퇴임 뒤 부부동반으로 해외여행을 하자고 뜻을 모았다.

그런데 한 친구는 무슨 바쁜 일이 있었는지 퇴임하던 그 이듬해 저승길로 가버렸다. 가정에서는 물론 직장이나 사회에서 꼭 필요하고 사랑받는 사람이기에 저승에서도 필요해 일찍 데려간 모양이다. 그 친구만 생각하면 지금도 가슴한쪽이 시리다. 나뿐만이 아니라 다른 친구들도 그 친구가 먼저 가버려서 서운할 것이다. 그래서 여섯 명이 되었는데 한 친구는 사정이 있어 참여를 못하고 다섯 부부가 여행을 가기로 했다. 여행지는 터키와 그리스로 정했다. 아내나 친구부인들은 거리가 멀다고 걱정을 했지만 남편들의 의견을 따라 주어서 고마웠다. 여행일정은 2010.4.6~4.14로 정했다.

터키와·그리스 꼭 한번 가보고 싶은 곳이었다. 여행지와 일정이 정해진 뒤 서점에 가서 가이드북을 샀다. 터키에 대한 가이드북은 처음에 간 서점에서 쉽게 샀는데 그리스에 대한 가이드북은 몇 군데 서점을 살펴봐도 구할 수 없었다. 인터넷을 뒤져 그리스에 대한 개략적인 정보를 수집했다. 그리스에 대해서는 그간 전북대학교 평생교육원에서 신화공부를 하면서 들은 정보도 있어 조금은 도움이 될 것 같았다. 여행은 아는 것만큼 보이고 느껴진다고 한다. 그래서 뒤늦게 청소년들의 역사 교양서로 김상훈이 쓴 통세계사도 읽어봤다.

여행지의 가이드나 운전사, 식당종업원 또는 호텔 안내원들을 비롯하여 여행도중 도움을 받은 분들에게 줄 가벼운 선물도 구입했다. 언제나 외국여행을 나서면 이들에게 가벼운 선물을 했다. 일본을 갈 때는 인삼제품이나 김을 주로 선물했지만, 유럽이나 미국을 갈 때면 전주 경기전 앞 민속공예품 판매점에서 우리고유의 민속탈 목걸이를 주로 산다. 외국을 여행하면서 도움을 받은 외국인들에게 탈 목걸이를 목에 걸어주면 퍽 신기해하고 좋아하여 주는 나의 마음도 즐거워 졌다. 그래서 외국에 갈 때면 항상 탈 목걸이를 준비해 가지고 간다.

아내는 먼 거리를 비행기 탈일이 걱정된다고 했다. 그래서 체력 향상을 위해 매일 천변에 나가 운동을 열심히 했다. 나이 들어서는 운동이 무엇보다 중요하다는 것을 확실하게 깨닫는 계기가 되었고 운동에 대한 취미도 생겨 큰 수확을 얻었다. 여행에 필요한 생필품을 사고자 아내와 함께 마트에 갔다. 아내는 여러 가지 물건들을 넉넉하게 샀다. 내가 좋아하는 술도 내가 계획했던 양보다 넉넉하게 샀다. 마트에 가면 평소에는 무엇이나 조금씩만 사는데 여행을 가려니 마음이 넉넉해진 모양이다. 절약하는 모습도 좋지만 즐거운 여행을 위해 이것저것 넉넉하게 사는 아내의 모습이 오히려 더 보기에 좋았다.

어릴 적 소풍이나 수학여행 날짜를 손꼽아 기다리던 생각이 났다. 인생살이를 흔히 여행에 비유하기도 한다. 앞으로 삶은 매일 매일 새로운 여행지를 가는 마음으로 살면 어떨까 하는 생각을 했다. 그리하면 삶이 항상 내일이 기다려지는, 희망차고 설레는 삶이 되지 않을까한다. 마음이 설레어 밤잠을 설치고 2010년 4월 6일 새벽 드디어 거리는 멀지만 마음으로는 가까운 나라 터키로 출발했다.

멀지만 가까운 나라

거리는 가깝지만 먼 나라가 있는가 하면, 먼 거리에 떨어져 있어도 가까운 나라가 있다. 터키는 멀고 먼 나라다. 인천국제공항에서 이스탄불 아타투르크 공항까지 직항로를 이용해도 11시간 40분이 걸린다. 우리 일행은 타쉬겐트 공항을 경유하여 가느라 17시간이 걸렸다. 터키와 우리나라는 일곱 시간의 시차가 나는데 서머 타임 기간이라 여섯 시간의 시차가 났다. 기온은 우리와 비슷하지만 해양성 기후로 일기의 변화가 심한 편이어서 4월 초인데도 두터운 웃옷 하나쯤은 필수적으로 가져가야 했다. 인구는 7,500만 명이지만 국토는 우리남북한을 합한 면적보다 3.5배여서 인구에 비해 국토가 광활한 편이었다. 국민소득이나 생활은 우리보다 낮았다.

터키는 역사교육을 잘하는 나라라는 생각이 들었다. 역사시간에 우리나라를 형제의 나라라고 가르친단다. 그러기에 6 · 25전쟁 때 14,936명이나 되는 많은 지원병을 파병하였다고 한다. 파병이 늦어지자 형제의 나라에 전쟁이 터졌는데 파병을 늦게 한다고 시민들이 시위까지 했다고 하니 형제애를 가히 짐작할만했다. 터키는 지금도 우리나라에 대한 감정이 매우 우호적이다. 우리나라에서 생산된 공산품을 좋아하고 특히 한국산 자동차를 좋아 한다고 했다. 만나는 사람들마다 우리한국을 "칸카르데쉬"(피로 맺어진 형제의 나라) 라고 서슴없이 말한다. 역사교육은 매우 중요한 것 같다. 영어공부의 중요성을 강조하기 보다는 역사를 잘 가르치고 역사의 중요성을 강조해야할 것 같다. 지구상에 우리나라를 1400년간 잊지 않고 피로 맺은 형제의 나라로 생각하는 나라가 터키 말고 또 어느 나라가 있겠는가? 그런 나라가 있다는 사실에 퍽 기분이 좋았고 마음까지 든든했다.

선사시대부터 고대문명의 시대로, 그리스 로마시대부터 이슬람 제국까지 다양한 문명이 발생하고 소멸된 터키에는 문화유산이 많았다. 이스탄불의 돌마바흐체궁전을 찾았다. 돌마바흐체궁전은 오토만 제국의 31대 술탄 압돌매지트에 의해 1843년에 착공하여 1856년에 준공했다고 한다. 궁전의 규모는 25만 평방미터의 대지에 건평이 146천 평방미터라고 한다. 285개의 방과 43개 홀 등 목욕탕이 여섯 개씩이나 있는 큰 규모다. 궁전의 장식에14톤의 금과 40톤의 은이 사용되었다고 하며 그 호화롭고 웅장함에 입이 다물어 지질 않았다. 지금은 터키의 영웅 케말 파샤 아타트루쿠의 유언에 따라 박물관으로 일반인들이게 공개하고 있다. 세계 각국의 관광객들이 찾아와 관광수입을 올리고 있어 다행이라는 생각이 들었다. 그러나 이 궁전을 건축한 시기는 오토만제국이 망해가던 시기였다. 우리나라의 경복궁을 복원하던 때와 나라의 운명이나 시기가 거의 같아서 감회가 깊었다. 경복궁도 1865년에 착공하여 1868년에 준공하기까지 부족한 재원충당을 위해 원납전을 발행하는 등 많은 재정적자를 가져왔으며, 노역에 시달린 민초들의 원성도 컸음을 역사는 말해준다. 궁궐을 사치하면 나라가 망하고 집안을 사치하면 가정이 망한다는 선현들의 말씀이 생각났다.

유람선을 타고 유럽과 아시아를 나누는 보스포러스 바다로 나갔다. 유럽과 아시아를 연결하는 보스포러스 브리지까지 왕복 운행하는 유람선이다. 바닷물에 흰 비단을 넣으면 금방 하늘색으로 물들 것처럼 하늘색을 띤 바다는 맑고 깨끗했다. 우리나라의 가을 하늘을 보는 것 같았다. 시원스레 달리는 유람선상서 여유롭게 차를 마시며 이국의 정취를 만끽했다. 깨끗하고 아름다운 경관에 함께 간 일행들도 감탄사를 연발했다. 우리나라 대통령으로는 첫 방문자였던 노무현 전 대통령도 이곳의 아름다운 경치를 보고 와보지 않았더라면 후회 할 뻔했다고 감탄을 했을 정도란다. 보스포러스 해안은 흑해에서 에게해나 지중해로 나오는 통로로서 고대나 중세에는 모든 상거래가 이 해협을 통해서 이루어졌다고 한다. 보스포러스는 그리스 신화가 서린 곳이다. 신중의 신이요 신들의 아버지인 제우스와 이오의 사랑이야기다. 제우스신은 신들과는 물론 인간세계에까지 내려와 바람을 많이 피운 난봉꾼이다. 제우스와 이오는 사랑에 빠졌다. 이 사실을 제우스의 아내 헤라여신이 알아버렸다. 제우스는 헤라여신의 질투가 무서워 이오를 암소로 변신케 하여 헤라에게 선물하였다. 헤라여신은 백 개의 눈을 가진 아로고스에게 암소를 감시케 하였다. 아로고스의 감시를 받는 이오의 처지를 애처롭게 여긴 제우스는 헤르메스에게 부탁하여 아로고스를 퇴치한다. 화가 난 헤라가 사나운 쇠파리를 시켜 암소를 괴롭혔다. 쇠파리에 놀란 암소가 미쳐 날뛰어 건넌 바다는 이태리 동남부와 그리스 사이의 일부인 이오니아해가 되고, 암소가 뛰어 건넌 나루는 보스 포러스 (Bos Porus:암소의 나루) 해협이 되었다는 신화가 전해져오는 곳이다.

저녁 식사 뒤 벨리댄스를 구경했다. 터키를 찾는 관광객들의 필수 코스인 듯했다. 댄스홀에는 세계 각국의 관광객들이 자기나라 국기가 게양된 자리에서 알아들을 수 없는 자기네나라 말로 웃고 떠들며 춤이 시작되기를 기다리고 있었다. 춤이 시작되었다. 춤추는 여인들의 발은 맨발이다. 노랑 빨강 등 원색의 엷은 옷을 입었다기보다는 몸에 걸친 모습이다. 머리, 가슴 엉덩이에는 빤짝거리는 장식품을 달았다. 음악에 맞춰 머리, 가슴, 몸통, 엉덩이를 요란하게 흔들어댄다. 몸을 요란하게 흔들 때마다. 몸에 붙은 장식에서 요란한 소리가 났다. 다산성을 기원한데서 비롯되었다고 하지만 터키는 국민들 대부분이 이슬람종교를 믿는 나라인데 여성들이 맨발로 배꼽을 노출시키고 엉덩이, 가슴, 뱃살을 격렬하게 흔들어대는 춤을 추는 모습이 아이러니했다. 술도 마시면서 흥겨운 시간을 보냈다. 술과 춤, 노래는 만국공통인 것 같다. 피부색도 다르고 말도 다른 세계도처에서 온 관광객들 모두 즐거워하고 흥겨워 하는 모습은 똑 같았다.

머나먼 나라에 와서 기분 좋게 취한 밤이었다. 낯선 이국인이지만 만나는 사람들마다 코리아를 알고, 한국의 월드컵 신화와 김연아를 잘 아는 터키 국민들이 마음으로 가까이 다가왔다. 터키는 비록 거리는 멀지만 가까운 나라라는 생각이 들었다. 밤하늘의 별들도 고향하늘의 별처럼 친근하게 느껴졌다. 즐겁고 아름다운 추억거리를 만든 오래도록 기억될 여정이었다.

닭이 알려준 지하 도시

영원히 묻혀버릴 수도 있었던 문화유적을 우연하게 닭이 알려줘 세계인들이 많이 찾는 유명한 관광지가 있다. 그곳은 터키의 중부 카파토키아 지역 농촌마을에 위치한 데린쿠유라고 하는 지하도시다. 가이드는 이곳을 세계 8대 불가사의중의 하나라고 설명했다. 세계적인 불가사의의 순번을 어느 곳에서 누가 부여하는지 궁금해서 가이드에게 질문 했지만 가이드의 답변이 시원치 않았다. 그러나 이 거대한 지하 도시를 그 옛날 어떻게 건설 할 수 있었을까 하는 강한 의문을 갖기에는 충분했다. 인간의 힘만으로는 불가능 했을 거라는 생각이 들었다. BC 1,400년경 히타이트 시대에 건설 되어 전쟁 시 피난처로 이용되었으며, 초기 기독교인들이 박해를 피해 자신들의 종교를 지키며 은둔생활을 하던 장소라고 한다.

입구는 한사람이 빠듯이 기어들어갈 수 있는 통로다. 그래서 덩치가 너무 큰사람들은 아예 못 들어가게 한다. 바위 동굴을 파고 들어가 만든 도시라서 통로는 좁고 층수는 높지 않지만 지하 50미터까지 파내려간 동굴은 20층으로 1200여개의 방이 있고 최소한 2만~ 3만여 명이 살았던 도시라고 한다. 지금은 8층까지만 공개하고 있었다. 1 · 2층엔 가축을 키우는 축사와 곡물창고, 포도주공장, 식당과 학교가 있다. 3 · 4층엔 성당, 병기창고, 감옥과 묘지가 있다. 수많은 방들과의 통로는 개미굴처럼 연결되어 있었다. 화살표로 방향을 표시했으니 망정이지 나 같은 길치는 혼자 들어가서는 길을 잃을 정도다. 한참을 걷다보면 이곳이 지상인지 지하인지 구분이 안 된다. 과학적인 환기 시설과 비밀통로 그리고 갖가지 함정들을 갖추어 요새중의요새였다. 출입문도 맷돌모양으로 만들어져 있는데 무게가 400~500kg 정도 되며 밖에서는 열수 없게 설계 되었다고 한다. 카파토키아 지역에는 이와 비슷한 여러 개의 지하 도시가 있으며 다른 지하 도시로의 비밀 통로도 있다고 한다.

기독교를 지키기 위한 신앙심에 저절로 머리가 숙여 졌다. 깊은 신앙심이 아니고는 그 거대한 지하 동굴을 인간의 힘만으로 건설할 수가 없었을 것이다. 종교는 탄압을 받을 때 더욱 응집력이 강해지고 빛을 발하는 것 같다. 우리나라에도 천주교가 들어오면서 심한 탄압과 박해를 받으며 목숨을 버리면서도 신앙심을 버리지 않았기에 오늘날 성당이 더욱 믿음이 가지 않나 하는 생각이 들었다. 오직 신앙을 지키려는 신념으로 거대한 땅굴을 파고 지하도시를 건설하는 과정과 지하에서의 생활하는 모습을 연상하면서 가슴이 찡 해오는 느낌을 받았다. 기독교인들이 아마 그곳에 가면 큰 감명을 받을 것이다. 그래서인지 기독교인들이 그곳을 많이 찾는다고 한다.

지하도시를 찾는 사람들은 닭에게 감사를 해야 할 것 같다. 영원히 지하에 묻혀 버릴 수도 있었던 곳이다. 그런데 그곳에서 농사를 지으며 닭을 키우는 농부가 가끔 닭들이 원인 모르게 없어져 닭들을 찾다가 발견했다고 한다. 1960년 발견 되어 50년이 지났지만 터키의 개발역량이 미치지 않아서 인지 세계 각국에서 수많은 관광객들이 찾고 있지만 주변에는 관광 편의시설이 갖추어져 있지 않았다. 여행을 하다보면 오래도록 기억되는 곳들이 많다. 데린쿠유 지하도시는 신앙을 지키기 위한 인간들의 참 모습과 몸부림을 보는 것 같아 신앙과 인간의 관계에 대해 많은 생각을 하게한 곳으로 오래도록 기억 될 것 같다.

포세이돈 신전에서

포세이돈 신전을 찾은 날은 2010년4월13일 터키와 그리스 관광 마지막 날이었다. 포세이돈 신전은 아테네에서 서해안 도로를 따라 버스로 약 한 시간 거리(69㎞)의 수니온곶 산언덕 절벽위에 위치하고 있다. 8박 9일 일정의 여행이 끝나감에 따라 지치고 피곤하기도 했지만 가는 곳마다 흥미 있는 신화와 더불어 아름다운 경관은 여행길의 피로를 잊게 하기에 충분했다. 아테네에서 수니온곶까지의 해안선은 아름답기 그지없었다. 영국의시인 바이런이 그리스의 아름다움에 반해 그리스 독립군에 지원입대 했다는 사실이 실감났다. 호메로스는 에게해를 포도주색 바다라 했다지만 내가 바라다본 에게해의 바다색은 하늘빛과 같았다. 날씨가 화창해서인지 바다는 하늘색으로 더욱 맑고 깨끗하였다. 바다

의신 포세이돈이 기거하고 있는 곳임을 실감케 했다. 현지가이드는 그리스 국민들의 환경의식도 높지만 바다를 관리하는 공무원들의 숨은 노력이 더 크다고 하였다.

포세이돈 신전에서 바라다본 에게해는 더욱 아름다웠다. 포세이돈 신전에서 바다를 바라고고 있노라니 금방이라도 포세이돈이 삼지창을 들고 바람과 풍랑을 일으킬 것 같은 착각이 들기도 하였다. 포세이돈 신전은 B.C 440~444년에 완공 했다고 한다. 지금은 다 무너지고 17개의 기둥만 남아있지만, 도리안 식 건축 양식으로 6.1M 높이의 거대한 대리석 기둥만으로도 2500 여 년 전 그리스인들의 발전된 사회상을 상상 할 수 있었다. 다 무너지고 기둥만 남아있는 신전을 구경 하기위해 세계인들의 발길이 끊이질 않는다. 우리일행이 그곳에 갔을 때도 지구촌 곳곳에서 온 사람들로 북적대고 있었다. 나라는 금융위기를 당하여 어려움을 겪고 있지만 그리스인들은 여유로워 보였다. 그들의 여유로움은 유구한 문화유산에서 나오는 듯 했다.

이태리에서 온 고등학교 2학년 학생들이 단체사진을 촬영하면서 우리일행에게 카메라를 건네며 사진을 찍어 달라고 부탁했다. 우리 일행 중 카메라를 잘 다루는 친구가 사진을 찍어 주었다. 학생들이 "아리갓또"라고 해 깜짝 놀랐다. 우리들은 곧바로 큰소리로 대한민국과 김연아를 연호했다. 함께 간 일행들도 사태를 파악하고 함께 연호했다. 이태리 학생들도 우리를 따라서 대한민국과 김연아를 따라 불러 서로 마주보며 한바탕 웃었다. 지구촌 어디를 가도 대한민국과 김연아를 아는 듯 했다.그리고 우리들과 함께 사진을 찍자고 해서 기념사진도 찍었다. 짧은 영어 실력이지만 함께 간 일행들이 손짓몸짓 해가며 우리나라를 알려줬다. 이태리 학생들도 한국을 어느 정도는 알고 있는듯했다. 한국에 가보고 싶다는 말도 했다. 이태리 학생들은 물론 그곳에 온 여러 나라 관광객들에게 우리나라를 알렸다는 생각이 들어 가슴 뿌듯했다.

아테네로 돌아오는 길에 전망 좋은 이름 모를 한적한 바닷가에서 내려 발을 벗고 바닷물에 발을 담그고 걷기도 했다. 외국여행 중에 맨발로 바닷가를 거니는 맛도 신선했다. 여행의 피로가 풀리는 듯했다. 그리스의 한국인 현지가이드는 고국 여행객들의 마음을 사로잡을만했다. 언제다시 에게해에 또 오겠냐면서 멋진 추억을 많이 만들어 담아가라고 성화였다. 우리들에게 하나라도 더 알려주고 즐겁게 해주려는 노력은 물론, 외국 여행을 하면서 외국인들과 상대 할 때는 한 사람 한 사람이 나라를 대표한다는 자긍심을 갖자고 한 말이 가슴에 와 닿았다. 아내는 고추장이며 김이랑 우리나라에서 가지고간 물건들을 아까워하지 않고 가이드에게 선물했다. 공항에서 마지막 헤어질 때는 여행객들이나 가이드나 모두 눈물이 글썽했다. 외국에 시집보낸 딸과 작별하는 모습을 보는 것 같았다.

"좋은 사람들"의 대마도 여행

"좋은 사람들" 모임은 1998년 임실군청 재무과 에서 함께 근무한 좋은 사람들로 이루어진 모임이다. 모임 이름은 이상덕 아우가 지었는데 처음에는 다소 어색한 느낌도 들었으나 세월이 갈수록 모임 이름을 잘 지었다는 생각이 든다. 평소 좋은 사람이란 생각을 하지 않다가도 우리들이 모이는 날에는 모두가 좋은 사람이 되니 얼마나 모임이름이 좋은가 말이다. 우리 좋은 사람들이 가족들과 함께한 대마도여행은 퍽 즐겁고 유익한 여행이었다.

좋은 사람들 부부 일행이 일본 대마도對馬島를 방문했던 2008년 6월 21일은 부산에서 배를 타기 전부터 궂은비가 하염없이 내리고 있었다. 그 비는 정략적으로 대마도 번주 소다유께 백작과 결혼하여 한과 설움 속에서 살다가 결국 이혼하고 귀국 뒤 낙선재에서 세상을 떠난 고종황제의 딸 덕혜옹주의 눈물이 아닌가 하는 생각이 들었다.

대마도와 후꾸오카와의 거리는138km고, 우리나라와 와는49.5km로 우리나라가 지리적으로 훨씬 가깝다. 대마도는 우리나라의 영향을 많이 받았을 뿐더러 조선조 초기에 우리가 점령 했던 적도 있어서인지 그곳에 거주하는 일본인들의 생김새도 일본 본토 사람들과는 달리 우리와 비슷한 것 같기도 하다. 산이나 들에 자라는 나무와 야생화 그리고 풀들은 물론 노루와 토끼, 꿩, 비둘기, 참새 등 동식물들도 우리나라에 있는 것들과 같다. 대마도 시청에서는 점심때가 되면 "고향의 봄" 이란 우리나라 노래를 들려주어 외국에 왔다는 생각이 들지 않을 정도였다,

대마도는 옛날부터 우리나라를 떠나서 살기 어려웠던 것 같다. 섬의 88%가 산림지역이어서 농경시대에 식량의 자급자족이 불가능했던 대마도는 일본 본토와 거리도 멀뿐더러 일본의 식량사정도 우리나라만 못한 실정이라 지리적으로 가깝고 식량이 풍부한 우리나라와 교역을 통해서 식량을 조달할 수밖에 없었다. 그러니 우리나라와 가깝게 지내려고 노력했던 흔적이 많이 보인다. 지금 대마도에서 이뤄지는 각종 체육, 문화행사 또한 한국과의 친선외교 보다는 한국관관객들을 상대로 관광수입을 올리려는 수단이 아닌가 하는 생각을 지울 수 없었다.

문화유적도 대부분 우리나라와 관련된 것들이고 문화행사나 체

육행사도 우리와 연관된 행사들이 많다. 쓰시마의 아리랑 축제는 매년 8월 첫 번째 토요일에 열리는 대마도의 행사 중 가장 규모가 큰 행사다. 17세기이후 우리나라와 일본 간 문화교류의 첨병 역할을 했던 조선통신사 행렬을 재연하고 한국과 일본의 전통무용을 포함한 무대행사와 어린이 기마행렬, 노 젓기, 불꽃놀이 등 다양한 행사가 펼쳐진다고 했다. 그 외에도 한국이 보이는 해안을 따라 달리는 국경마라톤대회와 한일 양국 간 친구음악제등 체육행사나 문화행사가 대부분 한국인을 위주로 한 행사라는 느낌 이 들었다. 돈을 벌어들이기 위해서는 무슨 일이던지 최선을 다하는 일본인들의 근성이 잘 드러난다고나 할까.

임실군청에 근무 할 때 일본 후꾸오카 현 나까가와마찌와 교류를 하면서 개인적으로 사귄 일본인 친구들이 있어 서로 홈스테이를 하며 자주 일본을 방문했고 일본인 친구들도 우리 집을 찾아와 서로가 상당히 가깝게 지내고 있다. 2008년 12월에 나까가와마찌를 방문했을 때 일이다. 환영 만찬장에서 나까가와마찌에서 근무하다 정년퇴임한 친구가 공개적으로 많은 사람들 앞에서 한국인들은 한일 관계를 어떻게 생각하고 있는지 궁금하다는 질문을 했다. 나는 어물어물 넘길 수도 있었으나 그냥 넘겨서는 안 되겠다싶어 평소 생각하던 바를 솔직하게 말했다.

한국과 일본은 지리적으로 매우 가까운 나라다. 우리 한국에는 "이웃사촌이 먼 친척보다 낫다." "이웃과는 황소 한 마리 갖고도 다투지 않는다."라는 속담도 있다. 한국 사람들이 이웃과 친하게 지내고 싶은 마음이 그대로 표현된 속담들이다. 한국과 일본은 이웃나라이니 마음도 터놓고 거리만큼 마음도 가까웠으면 좋으련만 거리는 가까우나 마음은 먼 나라다. 우리 국민들은 거리가 가까우니 마음도 가까웠으면 하는 생각이다. 그러데 당신 나라의 정치지도자들이 신사참배, 역사왜곡, 독도문제 등으로 우리 한국 국민들의 마음을 상하게 해서 가까워지기가 쉽지 않다. 뿐더러 과거사 문제도 독일처럼 국제사회에서 떳떳하고 한 점 부끄러움 없이 청산 되지 않는 한 항상 어정쩡한 관계로 지낼 수밖에 없는 현실이라고 분명하게 말했다. 내말을 들은 많은 일본인들도 공감을 표하면서 한일관계가 원만하게 진행되기를 바라는 눈치였다. 개인 간에도 이웃과는 잘 지내야 하듯 나라 간에도 이웃 간에는 우방으로 잘 지내야하는데 참 불행한일이다. 유럽이 과거 그 많은 전쟁을 하고도 지금은 화폐까지도 통합하여 쓰면서 서로 화해하고 협력하는 모습을 보면서 부러움을 느낄 뿐이다.

우리 일행은 덕혜옹주의 결혼 봉축 기념비와 고려 문, 통신사 기념비를 답사하고

슈젠지[修善寺]에 세워진 최익현 선생님의 순국 비 앞에서는 묵념도 올렸다. 국력이 약하여 혹독하게 당한 우리선조들의 비참한 과거사를 되돌아보고 국력이 약하면 결국 그 피해는 모든 국민들이 본다는 엄연한 역사적 사실을 깊이 깨달았다. 대마도는 인구가 32,000명 정도로 작은 섬인데도 불구하고 국내공항이 있는 점으로 미루어보아 군사적으로 매우 중요한 위치를 점하고 있는 것

같았다. 우리 좋은 사람들 일행은 대마도 여행기간 내내 한일 관계를 주로 생각하고 토론했다. 좋은 사람들의 즐겁고 뜻 깊은 여행이었다.

(2008. 7.)

빠르게 따라오는 중국

중국은 우리와 거리도 가깝지만 역사적으로나 문화적으로도 가까운 나라다. 사람들의 생김새도 우리와 비슷하다. 우리와 가까운 지역은 산이나 들에 자생하는 나무나 꽃들은 물론 새나 짐승들도 비슷하다. 그러나 땅덩어리가 워낙 넓고 사람들 마음 또한 깊어서인지 여러 번 중국을 여행했어도 중국을 이해하기란 매우 어렵다. 내가 중국을 처음여행한 시기는 1996년 여름이었다. 1992년도에 전라북도 공무원교육원에서 일본어 연수를 함께 받던 일곱 명의 동기생들과 부부동반으로 여행길에 올랐다. 그때 중국에 가서 처음으로 느낀 소감은 마치 타임머신을 타고 40년쯤 뒤돌아가 우리나라의 1950년대 후반이나 1970년대 초의 실상을 보는 느낌이었다.

우리나라에서 1970년대 초에 골목길을 누비며 연탄배달을 하던 3륜차를 북경 시내에다 옮겨 놓은 것 같았다. 북경 시내에 3륜차들이 많았다. 시내 중심가의 건물들도 우중충 하고 유리창이 깨진 대로 방치되어 있어서 폐허를 연상케 했다. 연립주택에 세탁물이 무질서하게 널려있어 흉물스러웠다. 도로변에서 자전거에 이발용품을 차려놓고 길게 늘어서 이발을 하는 모습도 진풍경이었다. 윗옷을 입지 않고 시내 중심가를 활보하는 노동자들은 물론 거지들이 떼를 지어 다니는 모습도 눈에 띄었다. 싸구려 관광 기념품을 들고 한국 돈 1,000원을 외쳐대는 모습은 가는 곳마다 볼 수 있는 풍경이었다.

그때는 우리나라 여행객들이 많지 않았었다. 그래서 우리 돈의 위력이 지금과는 사뭇 달랐다. 아내는 호텔이나 식당에서 일하는 청년들이 우리아들 또랜데 한창 공부할 나이에 일하는 모습이 안쓰럽다고 하면서 팁을 자주 주었다. 호텔이나 식당에서 우리 돈 1,000원을 팁으로 주면 진심으로 고마워했다. 그때 그 청년들은 최고의 꿈이 한국에 가서 취직하는 거라 했다. 우리나라를 동경하는 모습이 역력했다. 우리들이 쓰는 생활용품을 그들은 무척 부러워했었다. 현지가이드에게 내가 쓰던 볼펜을 선물로 주었더니 무척 고마워했다.

그 뒤 9년이 지난 2005년 3월 지방자치단체 국제교류 · 통상담당 실장 연수차 중국에 가서 큰 충격을 받아 머리가 아찔할 정도였다. 북경시내의 폐허처럼 온통 회색빛으로 너저분하던 건물들이 바람처럼 사라져 버렸다. 깨끗하게 정돈된 모습은 9년 전의 초라한 모습을 기억하는 나를 어지럽게 했다. 시내를 달리던 3륜차도 자취를 감췄고, 국제적으로 유명 브랜드의 자동차들이 넘쳐나 지구촌의 자동차 전시장을 연상케 하였다. 자본주의 거리를 무색케 하는 상해시의 야경은 화려했다. 화려한 불빛에 세계의 굴지 기업들이 포동신구로 불나방처럼 모여들고 있었다.

포동신구 국제교류센터 호 요 섭외부 주관으로부터 포동신구 개발현황과 향후 개발계획에 대한 설명을 들었다. 포동신구는 상해시 동서를 가로 지나는 황포강의 동쪽에 있는 경제특구로, 금융무역구, 보세구, 수출가공구, 첨단기술원등 네 개 권역별로 중점 개발되고 있다고 하였다. 세계 500대 기업 중 140여개 기업이 기 입주했고 1,000만 달러이상의 프로젝트가 400여건에 달한다는 설명을 듣고 부러움을 금치 못했다. 중국이 무서운 속도로 우리나라를 따라오고 있다는 생각이 들어 정신이 번쩍 들었다.

그러나 한편으로는 우리나라에 대한 자긍심으로 목에 힘이 주어지기도 했다. 중국 어디를 가도 우리나라 돈과 말이 다 통용되었다. 사람들의 눈길을 끌만한 곳에는 우리나라 기업 선전탑이 위용을 자랑하듯 버티고 서 있어, 우리나라를 여행하는 것 같은 착각을 할 정도였다. 특히 북경 현대자동차 공장에는 우리나라 기술자 60여명이 중국 현지인 3,000여명을 고용하여 현대자동차를 생산하고 있었다. 그곳에 근무하는 최성기 상무는 중국인 근로자들에게 한글 시험을 거쳐 한글시험 성적에 따라 승진이나 승급 등 보직관리를 한다고 했다. 현대자동차 공장 주변에 한글학원이 여러 곳 눈에 띄었다. 중국인들이 한글을 앞 다퉈 공부한다는 말을 듣고 마음이 뿌듯했다.

중국은 개방한지 얼마 되지 않았는데 자치단체마다 외사판공실이 설치되어 있었다. 외사판공실에는 가장 유능한 인재들이 근무한다고 했다. 외사 판공실에 근무하는 직원들은 한국말을 유창하게 잘했다. 외사판공실 직원들의 태도로 봐 중국이 우리와 가까워지기 위해 많은 노력을 하고 있음을 느낄 수 있었다. 무석시를 방문했을 때는 무석시의 부시장이 직접 길을 안내했다. 저녁에는 시장이 호텔에서 환영 만찬을 베풀었다. 시장은 만찬사에서 한국의 많은 기업들이 무석시에 투자하도록 협조를 부탁하고 한국의 지방자치단체와 교류를 희망한다고 했다. 중국정부나 지방자치단체에서 한국과 활발한 교류를 원하고 있음을 실감 했다.

중국 공무원들이 국가와 지역사회 발전을 위해 노력하는 모습이 역력히 보였다. 사회주의 식 사고방식을 탈피하고 자본주의를 따라잡으려고 밤낮없이 열심히 일한다고 했다. 상해시의 포동신구나 무석시의 신개발지구에는 대형크레인이 고추잠자리 떼처럼 떠 있었다. 거대한 공룡의 날개 짓으로 보여 긴장되었다. 우리기업들도 많이 진출하고 있었다. 옛날 어른들이 하신 말씀이 생각났다. "재주는 곰이 부리는데 돈은 중국 사람이 받아간다" 차이나드림의 꿈을 안고 중국에 진출한 기업가들이 귀담아 들어야할 말이다. 중국이 빠르게 우리를 쫓아오고 있었다. 우리나라가 중국 사람들에게 영원한 꿈의 나라로 남기 위해서는 더욱 많은 노력을 기울여야 할 것 같다.

샌디에고 암탁

김학 교수님으로부터 선물 받은 수필집 ≪샌디에고 암탉≫을 재미가 있어 쉼 없이 읽었다. 오래도록 기억하고 싶은 내용들도 많아 책장에 꽂아두고 눈길 닿는 대로 읽어 볼 요량이다. 작가는 국내에서도 동·서와 서울을 넘나들며 폭 넓고 아름답게 산 모습이 보인다. 현재는 미국에 살고 있지만 고국의 돌아가는 사회모습을 우리들보다 더 잘 아는 듯싶다. 고국의 사회상을 심도 있게 내다보는 혜안이 있기까지는 미국에서의 삶도 뿌리가 탄탄히 내린 것 같다. 작가는 지구촌 어디에 가서 살아도 우리나라의 국위를 선양하며 살 것이다. 낮 설고 말도 선 이국땅에서 피부색도 다른 이웃들과 살면서 이웃들을 하나하나 소개한 글을 읽으면서 이웃사람들의 모습이 연상되었다. 이렇게 이웃과 가깝게 지내기까지

작가의 타고난 성품도 좋았지만 후천적인 노력이 더욱 컸으리라는 생각이 들어 연민의 정을 느낀다.

우리나라의 영어 광풍을 바라다본 눈길이 관심 깊게 느껴지기도 하고 가슴에 와 닿는다. 사실 우리들은 절대 빈곤에서 벗어 난지 얼마 안 되어서인지 지금도 경제만 발전시킬 수 있다면 국민들이 눈이 멀어버린다. 그래서 우리는 대기업 출신의 CEO를 대통령으로 뽑았는지도 모른다. 영어교육을 대통령까지 나서서 강조하니 영어가 곧 출세의 지름길인양 너도나도 미쳐버린 것 같다. 여름방학이나 겨울방학이면 영어공부를 시키기 위해 부자들은 미국이나 캐나다로 소득수순이 낮은 사람들은 동남아로 어린 자식들을 내몰고 있다. 심지어 어떤 엄마는 자녀의 영어캠프 비용을 마련하기위해 노래방 도우미로 나서기도 한다고 한다. 제발 정신 좀 차렸으면 한다. 영어공부, 물론 중요하다. 그러나 전체국민들이 모두다 영어를 잘 할 필요는 없다고 생각한다. 이제부터라도 우리 문화유산을 소중히 여기고 이웃을 존중함은 물론 공중도덕을 잘 지키는 아름다운나라로 세계인들에게 알리는 일에 더욱 힘써야 할 것이라는 작가의 의견에 공감이 간다.

때로는 민간외교관도 되고 경제통상 사절단 노릇도 하면서 살아가는 모습이 너무 좋다. 나라의 좋은 이미지를 세계인들에게 알리는 일은 외교관의 노력만으로는 어려운 일이라 생각된다. 작가처럼 외국인들과 함께 어울려 살면서 한국인의 자긍심을 갖고 바르고 당당하게 사는 모습을 그들에게 보여주는 것이 국가 이미지를 향상시키는데 큰 효과가 있을 것이다. 농사지은 치커리 채소를 이웃에게 나누어주고 사는 모습이나 수학선생으로 또는 문인으로 활동하는 모습을 바라본 미국 사람들은 우리나라를 좋은 눈으로 바라볼 것이라는 생각이 든다. 우리 것을 우리가 소중하게 여길 때 남들도 우리 것을 소중하게 인정해준다. 언젠가 독일을 여행을 하면서 독일인이 쏘나타 자동차를 운전하고 가는 모습을 발견하고 쏘나타다! 라고 소리를 질러 옆 사람들이 놀라서 무안했던 기억이 난다. 사랑스런 두꺼비(현대자동차에서 생산된 싼타페 자동차)를 집 앞에 세워놓고 이웃들에게 우리나라 자동차를 소개하면서 행복해하는 작가의 모습에서 외교통상 사절단의 모습이 연상되었다.

작가는 편안하고 신뢰할만한 사람일 것 같다. 고국의 제자들로부터 오래도록 존경 받는걸 보면, 작가와는 악의 없이 남의 얘기를 주고받아도 말이 안 날 것 같은 믿음이 간다. 글을 읽는 중에 술 이야기가 없는 걸로 미루어봐 술은 못 마시는 듯싶다. 술을 마실 줄 안다면 전주의 막걸리나 가게 맥주라도 한잔 하면서 대화를 나누고 싶다. 술을 못 마신다면 전주의 비빔밥이라도 대접하고 싶다. 작가의 건강과 문운이 융성하길 기원합니다.

■ 지석 최기춘 선생님의 글을 읽고

김학 교수님과의 인연으로 저의 책 '샌디에고 암탉'을 읽으신 분들의 귀중한 소감이 이메일로 날아 올 때마다 가슴이 뭉클합니다.

글을 쓸 때마다 희열을 느끼지만 이렇게 최기춘 선생님처럼 독자가 작가의 마음을 모두 꿰뚫어 버릴 때는 엄청 행복합니다. 문장 속의 숨은 뜻을 찾아내는 숨바꼭질 게임에서 제가 더 이상 숨을 곳이 없기 때문이죠. 홀로 웃으며 항복의 두 손을 듭니다. 정말 잘 읽어주셔서 감사합니다.

처음이자 마지막 책이 될 것이라고 생각했던 '레몬향기처럼'은 3년이 걸렸습니다. 그 후로도 작품 활동을 쉬지 않은 덕분인지 '샌디에고 암탉'은 아홉 달 만에 초고를 마쳤습니다. 표지디자인부터 한 페이지 한 페이지에 들어갈 수필과 사진들까지 온 정성을 부었습니다. 그저 틈이 날 때면 오로지 멋진 책을 만드는 일만 생각하면서요. 15년 전 집 근처 대학교에서 무료로 야간수업을 받으며 그래픽 디자인 공부를 한 지식들도 조금씩 응용하게 되어 기뻤습니다. 아는 것이 병이라더니 여러 번 출판사에 부탁의 잔소리를 하게 되니 좀 그랬답니다. 또 친정어머님의 그림을 뜻밖에 두 책의 표지에 올리면서 살아생전에 못 다한 효도를 반성도 했지요.

젊은 날, 참다운 교육이 무엇인지 사범대학에서 진지하게 강의를 들었답니다. 대학시절 가성교사로 용돈을 벌면서 공부하던 나의 신세도 탐구해 보았습니다. 일제하에 학창시절을 보낸 나의 친정 부모님. 배운 지식과 달리 아버지의 작은 봉급으로 겨우 입에 풀칠이나 하고 살아가던 우리 집. 중류가정이었지만 행복했습니다. 강직했던 쉰여덟 친정아버지의 삶과 6년 동안 반신불수로의 환자생활. 아버지 장례를 지내면서 화장터에서 느꼈던 허무함과 깨달음들은 살아가면서 나의 남은 삶에도 영향을 끼쳤습니다. 가정과 사회, 학교의 교육이 지덕체로 삼위일체가 되어야 우리 사회가 바르게 설 수 있다고 믿게 되었답니다. 재능 많던 어머니의 희생적인 일생도 삶의 회두에서 늘 떠나지 않았답니다. 산속에서 두문불출하며 채식을 하면서 벽만 바라보고 앉아, 자신을 찾고자하는 맑은 선사님들의 수도생활도 저에게는 자극이 되었습니다.

'최미자' 도대체 나는 누구인지. 어디에서 왔으며 무슨 인연으로 지금 이렇게 살고 있는지. 지금도 의문을 품고 살아갑니다. 그리고 그런 나의 탐구적인 삶들은 더욱 진지하고 솔직한 수필을 쓰도록 유인해줍니다. 올바른 삶을 먼저 잘 갈고 닦고 난 후에 문학적인 수필을 쓰라고 늘 나의 영혼은 그렇게 말해주었습니다. 사물과 사람들을 만날 때마다 따뜻한 가슴으로 맞이합니다. 그들의 아픔을 너그럽게 들으려고 애쓰며 또한 나의 아픔도 털어내어 봅니다. 때론 이기적일지 몰라도 아량으로 상대방이 들어주기를 기대하면서. 기구한 내 팔자를 타령하며 사표를 내던 날, 통곡의 눈물을 흐리며 교단을 떠났습니다. 잘 지내오던 친척들과 사랑하던 제자들을 그리면서 태평양을 건너야했답니다. 그래서인지 참다운 교육을 위하한 삶에 아직도 미련을 두고 있답니다. 힘든 세상을 살아가려면 혼자서는 결코 이룰 수가 없습니다. 보이지 않는 좋은 인연의 끈들이 서로 밀어주고 당겨주어야 합니다.

지난 2월 내내, 캐나다 밴쿠버 동계 올림픽에 출전한 한국선수들이 우리의 찬란한 태극기 물결을 만들었습니다. 김연아와 이상화, 이정수와 모태범을 비롯한 모든 참가선수들이 동방의 작은 대한민국을 세계로 알렸습니다. 모두 빛나는 애국자들입니다. 앞으로도 숨어 있는 꿈나무들을 우린 발굴해야합니다. 선수들의 인내력과 함께 그동안 뒷바라지해준 코치와 가족들의 피눈물을 생각나게 합니다. 수필쓰기도 똑 같습니다. 남보다 많이 생각하고, 많이 읽고 많이 습작하면서 진실한 인간으로 살아가는 수행의 길입니다.

이렇게 신나는 2월을 보내면서 저의 졸작 '샌디에고 암탉'도 한국의 서점에서 꼬꼬댁 소리를 울렸습니다. 전주 수필창작반 문우님들의 뜨거운 정진을 기원합니다.

최미자 드림.

아리랑을 들으며

우리나라 사람들의 애환을 가장 잘 나타낸 노래는 아리랑이다. 아리랑을 연가로 알고 있는 사람들이 많다. 그러나 아리랑我理朗은 참 나를 깨우치는 즐거움을 표현한 노래라고 한다. 아리랑은 연가라고 생각하고 부르면 연가처럼 느껴지고, 참 나를 깨우치는 즐거움을 노래한다고 생각하면서 부르면 또 그에 걸맞은 노래가 된다. 슬플 때 부르면 슬퍼지고 즐거울 때 부르면 즐거워지기도 한다. 맥 빠지게 부르면 맥이 빠지고 힘차게 부르면 힘이 난다. 응원가로 불러도 된다. 어느 때 어느 곳에서 불러도 그 분위기에 맞는 노래가 된다. 지역에 따라 노랫말이나 곡조는 다소 차이가 있다. 그러나 우리 민족 모두의 얼과 한이 깊이 새겨진 노래임엔 틀림없다.

항상 들어도 정겹고 즐거운 아리랑을 머나먼 캄보디아 땅 앙꼬르와트의 타프롬사원 가는 길에 들으니 반갑기도 하고 괜히 어깨에 힘이 주어졌다. 아리랑을 연주하는 사람들은 베트남과의 전쟁에서 부상을 당하여 팔이 없거나 발목이 없는 전상자들이었다. 머나먼 이국땅에서 전상자들이 연주하는 우리의 정겨운 노래 아리랑을 들은 인정 많은 우리나라 관광객들은 너도나도 서슴없이 지갑을 열었다. 우리나라 관광객들이 주는 성금을 받고 아리랑을 연주하는 캄보디아인들은 대한민국을 연호하며 고맙다는 인사를 계속했다. 우리의 아리랑에 대하여 설명을 해 주고 싶었으나 캄보디아 말을 못해 안타까웠다.

우리나라도 6·25전쟁 뒤 전상자들이 생활고로 어려움을 겪었던 기억이 떠올라 많은 생각을 하게 했다. 학교에서 집으로 돌아가는 학생들 대부분이 맨발로 걸어가는 모습도 눈에 띄었다. 우리 또래들이 초등학교에 다닐 때 저들의 모습과 비슷했을 거라는 생각이 들었다. 원조물자로 들여온 우유가루(분유)를 배급받아 책보에 싸들고 다니며 먹었던 기억이 떠오르기도 했다.

사원 입구에는 굶주리고 헐벗은 어린이들이 조잡하게 만든 목걸이나 피리 같은 걸 들고 "한국 돈 천원, 1달러"를 외치며 물건을 파느라 줄지어 서 있었다. 굶주려 뼈만 앙상하여 곧 숨이 넘어갈 것 같은 갓난아기를 안고 구걸하는 여인들도 눈에 띄었다. 가이드는 어설픈 동정심으로 도와주지 않았으면 좋겠다는 말을 했다. 하지만 도저히 그냥 지나칠 수 없어 가이드의 만류를 묵살하고 지갑을 열 수 밖에 없었다.

타프롬사원은 1186년경 자야바르만 7세가 그의 모친을 위하여 지었다고 한다. 타프롬사원은 나무를 구경하는 것인지 파괴된 문화유적을 구경하는 것인지 구분되지 않았다. 800여 년 전에 사원을 짓고 조경수로 심은 나무들이 사원파괴의 주범인지, 사원을 지키는 파수꾼 인지 헷갈렸다. 유적지를 돌아보며 감탄사를 연발했지만, 나무들의 모습도 기기묘묘하여 문화유적만큼이나 관광객들의 눈길을 끌기에 충분했다.

티프롬사원의 정교하고 화려하게 조각된 석조물과 규모로 봐서 자야바르만 7세가 티프롬사원을 지을 때는 지구상에서 번영을 누리고 사는 강대국이었을 거란 생각이 들었다. 불구의 몸으로 뜻도 모를 남의 나라의 민요를 부르며 구걸하는 캄보디아 전상자들과 굶주리고 헐벗은 어린이들은 누구를 원망해야할까? 국가의 흥망성쇠는 다수 국민들에게도 책임이 있겠지만 대부분 소수 지배계층들의 영향이 크다. 우리의 역사를 뒤돌아봐도 그렇다.

우리나라의 위정자들이 캄보디아 국민들의 모습을 타산지석으로 삼아야 할 것이다. 캄보디아를 생각하면 유서 깊고 찬란한 앙꼬르와트의 문화유적보다도 아리랑을 연주하는 전상자들과 헐벗고 굶주린 어린이들의 모습이 먼저 떠오른다. 우리의 아리랑이 캄보디아 국민들에게 돈벌이의 수단이 아니라 흥겨워서 부르는 노래가 되었으면 좋겠다.

(2012. 6.)

정직과 신뢰, 성실로 일군 '수필 밭'

-지석志石 최기춘 처녀수필집 ≪머슴들에게 영혼을≫출간에 부쳐

김 학(수필가, 전북대학교 평생교육원 수필창작 전담교수)

1. 최기춘과 수필의 만남

수필가 志石 최기춘, 그는 1947년 10월 27일 전라북도 임실군 운암면 쌍암리 614번지에서 아버지 최동안과 어머니 손옥남의 8형제 중 셋째아들로 태어났다. 전주최씨 문충공파 31대손인 志石 최기춘은 1972년 2월 26일 처가댁 마당에서 아내 오수남과 구식결혼을 하였고, 슬하에 두 아들을 두었다. 큰아들 석용은 노은영과, 작은아들 중용은 한나래와 결혼했고, 큰아들에게서는 재현과 재경, 작은 아들에게서는 재하 등 세 손자를 두었다.

志石 최기춘의 집안은 아버지부터 자신에 이르기까지 대대로 아들만을 낳았다. 그때까지는 남아선호사상男兒選好思想이 지배할 때

였으니 자랑스러웠을 것이다. 그러나 지금은 여자선호女子選好 시대이니 만큼 딸을 못 낳는 원인을 알아 볼 일이다. 그래서 志石 최기춘은 두 아들이 손녀를 낳아주기를 은근히 학수고대하고 있는지도 모른다.

志石 최기춘은 실향민失鄕民이다. 그가 태어나서 자랐던 고향이 섬진댐을 건설하면서 옥정호 물속에 잠겼기 때문이다. 하지만 어린 시절 여덟 형제가 한 지붕 아래서 어우렁더우렁 살던 아름다운 추억들은 지금도 그 8형제의 기억 속에 오롯이 남아있다.

志石 최기춘은 어려서부터 동네서당에 다니며 한학漢學을 공부하여 한문에 조예가 깊다. 그런데 퇴직 이후에도 쉬지 않고 명심보감明心寶鑑 등을 배우러 다니고 있다. 자기계발을 위하여 늘 배우려는 자세를 갖고 산다. 그만큼 학구적이란 이야기다. 그뿐이 아니다. 아버지에게 배운 바둑실력은 아마추어 초단정도다.

志石 최기춘은 무에서 유를 창조한 사람이다. 주경야독으로 1973년 7월 10일 지방 9급 공무원 공개경쟁시험에 합격하여 임실군 덕치면사무소로 첫 발령을 받았다. 공무원의 길로 들어선 것이다. 돈도 배경도 없는 그 자신이 믿을 건 오로지 자신밖에 없었을 것이다. 그는 정직과 신뢰 그리고 성실과 친화로 인간관계를 넓혀 나갔다. 훤칠한 키에 단정한 외모 그리고 서글서글한 대인관계는 아무도 빼앗아 갈 수 없는 그의 무기였다. 그의 친화력은 대단하다. 志石 최기춘은 자기 앞에 큰 감을 놓으려 하지 않으니 상사나

동료들은 모두 그를 좋아할 수밖에 없었을 것이다.

志石 최기춘의 꿈은 어려서부터 페스탈로치와 루소 같은 훌륭한 선생님이 되는 것이었다. 초등학교 때 선생님들에게 배우면서 키운 꿈이었다. 그러나 가난이 앞을 가로막아 그 꿈은 일찌감치 접어야만 했다. 그래서 조장행정기관의 공무원으로 목표를 수정했던 것이다.

말단 공무원으로 출발한지 22년 만에 하늘의 별따기라는 승진시험에 합격하여 지방사무관이 되었다. 그 뒤 6년만인 2001년 7월 1일엔 또 지방서기관으로 승진하여, 군수와 부군수에 이어 넘버쓰리맨인 임실군 기획감사실장으로 근무하다 2007년 12월 31일 정년퇴직을 하기에 이르렀다. 장장 34년의 공직생활이었다. 말단 9급 공무원이 지방서기관까지 올라갔으니 그 오랜 세월 얼마나 힘들었겠는가?

志石 최기춘, 그는 근정포장과 녹조근정훈장 등을 받았다. 공직생활을 하면서 그는 '항상 최선을 다하자', '실리보다 명분을 중시하자', '꾸준히 자기계발을 위해 노력하자' 등 세 가지 좌우명을 갖고 살았다고 한다. 그랬기에 명예로운 정년퇴직을 하게 되었을 것이다. 어느 통계에 따르면 우리나라에서 정년퇴직을 한 사람은 모든 퇴직자의 14%밖에 되지 않는다고 했다. 정년퇴직을 한다는 게 얼마나 어려운 일인지 알만하다.

志石 최기춘의 8형제는 동학농민혁명참여자의 유족이다. 2008년 5월 동학농민혁명참여자 명예심의위원회 위원장으로부터 유족

등록 통지서를 받았다고 한다. 최기춘의 증조할아버지(최승우)가 1904년 부안 백산봉기에 참여했고, 7월에는 도집강이란 직책을 맡아 폐정개혁에 나섰으며, 11월 김홍기와 함께 남원성전투를 주도하다 패전하고 회문산으로 도피하여 6년간 은신했다는 내용이 밝혀져서 유족등록 통지서를 받게 된 것이다.

志石 최기춘, 그는 글을 쓰고 싶어 했다. 퇴직한 뒤 돈이 되고 명예가 되는 일은 하지 않겠다고 다짐한 그는 제일 먼저 찾은 곳이 전북대학교 평생교육원 103호 강의실이었다. 그때는 수필창작과정 강의가 그곳에서 이루어졌기 때문이다. 그때가 2007년 9월이었다. 하고 싶어서 하는 공부이기에 그는 열심히 공부를 하며 글을 썼다. 마침내 종합문예지 ≪대한문학≫2008년 가을호에서 〈머슴들에게 영혼을〉과 〈까치가 쪼아 먹은 홍시〉 등 두 편의 수필로 신인상을 수상하여 당당히 수필가로 등단했다. 수필과 떼려야 뗄 수 없는 깊은 인연을 맺은 것이다.

수필은 체험의 문학이다. 따라서 다양한 체험을 많이 한 수필가는 통장에 예금을 두둑하게 넣어둔 사람처럼 목에 힘을 주어도 좋을 것이다. 언제라도 완성도 높은 수필을 쓸 수 있기 때문이다. 志石 최기춘 수필가 역시 그런 사람이리라 믿는다.

志石 최기춘 수필가, 그의 꿈은 언제나 소박하기 짝이 없다. 건강한 몸으로, 좋은 책을 많이 읽으며, 좋은 글을 쓰고, 다정한 선후배들과 술잔을 주고받으며 즐겁게 여생을 마무리하고 싶다고 한다.

志石 최기춘 수필가, 그는 공무원생활을 할 때부터 알아주던 독

서광讀書狂이었다. "오늘의 나를 있게 한 것은 우리 마을 도서관이었다. 하버드대학 졸업장보다 소중한 것이 독서하는 습관이다."라고 갈파한 빌 게이츠의 이야기를 떠올리게 한다. 독서와 바둑 그리고 술은 志石 최기춘 수필가를 지탱해 주는 세 가지 버팀목이다. 이제 志石 최기춘 수필가의 수필 속으로 들어가 보자.

2. 志石 최기춘 수필가의 수필세계

수필은 평범한 일상에 새로운 의미의 옷을 입히는 문학이다. 따라서 수필가는 언제나 오감五感의 안테나를 열어놓고 수필 소재를 찾아야 한다. 수필가는 육안肉眼으로 보이는 것만을 보이는 것의 전부인 양 생각하지 말고 심안心眼으로 바라보아야 입체적인 모습을 찾아낼 수 있다. 좋은 수필을 쓰려면 잡학박사雜學博士가 되라고 하는 이유도 바로 여기에 있다. 폭 넓은 상식을 지녀야 한다는 뜻이다.

志石 최기춘 수필가의 첫 수필집 ≪머슴들의 영혼≫에는 69편의 수필이 담겨있다. 푸짐한 수필의 성찬이다. 우선 〈20년 전의 불효자〉를 살펴보자. 삐삐가 핸드폰으로, 핸드폰이 스마트폰으로 발전하였다. 그처럼 안방에서 숨을 거두고, 집에서 장례를 치르던 풍습도 바뀌었다. 지금은 결혼식장에서 결혼식을 올리듯 장례식장에서 장례를 치르고, 집에서 간병하던 노인들을 요양병원으로 모시는 세상이 아니던가? 그러한 세상의 변화에 초점을 맞추어 시의적절한 한 편의 수필을 빚었다.

내가 살던 집에서 임종을 해야 한다는 생각을 바꿔야 한다. 요양병원은 유능한 의료진과 친절하고 자상한 호스피스들이 있어 전문적인 보살핌을 받으며 안방에서 임종하는 것보다 더 안락하고 품위있게 임종을 맞이할 수 있는 곳이다. 20년 전의 불효자가 선구자가 되듯이 지금 요양병원에 입원시킨 자손들도 세월이 지나면 선구자 소리를 듣게 될 것이다.

―〈20년 전의 불효자〉 결미.

무슨 일이나 선구자는 외롭고 괴로운 존재다. 그러나 성인도 시속의 변화에 따라야한다고 하지 않았던가? 10년이면 강산도 변한다는 속담도 바뀌어야 한다. 그 변화의 기간이 훨씬 더 짧아진 탓이다. 자고나면 변한다고 해도 지나친 말이 아니다. 수필은 경험의 산물이요, 수필가는 그 경험의 전파자라는 권대근 교수의 이야기에 관심을 기울일 일이다. 수필은 삶의 문학이며 정의 문학이다. 삶의 다양한 문제를 다루면서, 문제를 자신만의 방식으로 풀어나가는 글이 곧 수필이다.

우리 고향 출신으로 김용택 시인, 김학 수필가, 고 허세욱 박사, 고 김영곤 방송작가 등은 이름 석 자만 대면, 책을 가까이 하는 사람들이라면 임실출신 문인이라고 다 안다. 글 한 편이 그 지역을 유명한 관광명소로 만든 사례들이 많다. ≪토지≫의 하동이나, ≪메밀꽃 필 무렵≫의 봉평 등이 그 대표적인 사례라 하겠다.

―〈고향과 문학〉 중에서.

곳곳에 이름난 문인들의 문학관이 생기고 그 문학관을 찾는 관광객들이 늘고 있는 것은 바람직한 현상이다. 志石 최기춘 수필가도 공무원 출신답게 한 발 앞서 내다보며 고향 임실을 문향으로 키웠으면 하는 바람을 이 작품에 담았다. 수필가 윤재천 교수는 수필은 개성파라고 했다. 자신의 시력과 사고를 가진 글을 써야한다고 주장한다. 특유의 시력과 사고를 잃을 때 글은 생동감이 없어지고 온갖 상식이 요동친다고 했다. 작품을 잘 쓰려는 몸부림 자체가 기념비적인 작품으로 이어진다고 주장한다. 야수파의 창시자 마티스처럼, 입체파의 창시자 피카소처럼 직선적인 글보다는 곡선적인 글이 되어야 한다고 강조한다.

> 고시에 합격하여 중앙부처에 임관된 사무관들은 실무자지만, 9급이나 7급으로 출발하여 시 · 도나 시 · 군에서 진급한 사무관들은 중견간부다. 시·군에서는 과장으로 임용되거나 읍·면·동장에 임용되어 최 일선 최고위 기관장이 되기도 한다. 7급이나 9급으로 출발한 공무원들은 사무관이 되면 팔자를 고쳤다고 한다. 그 말은 사무관이 되기가 그만큼 어렵나는 뜻도 있고, 죽은 뒤 제사를 지낼 때 일반적으로 지방紙榜에 '현고학생부군 신위顯考學生府君 神位'라고 쓰지만 사무관이 되면 '현고지방사무관○○○장부군 신위顯考地方事務官○○○府君 神位'라고 쓰기 때문이다.
>
> —〈공무원의 꽃 사무관〉 중에서.

공무원들이 승진하려고 혈안이 되는 이유를 알만하다. 데카르트는 의심할 수 있는 것은 모두 의심해 보라고 했다. 수필가는 과학자처럼 언제나 '?(물음표)'를 달고 살아야 한다. 그래야 참신한 수필의 소재를 찾을 수 있기 때문이다. 또 참신한 수필의 소재를 찾으면 다른 수필가들과는 달리 참신하게 해석해야 한다. 그런 뒤 그것을 참신한 언어로 표현해야 한다. 그런 과정을 거치면 완성도 높은 한 편의 수필을 빚을 수 있다.

곧게 자란 나무는 일찌감치 목재로 팔려나가고 굽은 나무들은 거들떠보지도 않았다. 그래서 "굽은 나무가 선산을 지킨다."는 속담이 생겨났다. 그러나 요즘은 굽은 나무들도 선산을 지키지 않는다. 적당히 휘어지고 비틀어진 나무는 오히려 조경수로 비싸게 팔려나가기 때문이다. 사람들도 마찬가지다. 부모덕에 많이 배운 사람들은 일찌감치 좋은 직장을 따라 농촌을 떠났다. 못 배운 사람들은 농사를 지으며 부모님을 모시고 선산을 지키며 살았다. (중략) 산업화 과정에서 농업부문이 소외되면서 농업소득이 낮아 농민들이 하나 둘 농촌을 떠나 농촌이 폐허처럼 변해버렸다. 농촌에서 농사만 지어서는 자녀교육을 시키며 살기가 어려운 환경이 되었다.

–〈굽은 나무〉 중에서.

예리한 시선으로 농촌을 바라보고 문제제기를 한 작품이다. 굽은 나무가 선산을 지킨다는 속담도 바꾸어야 할 지경이 되었다. 그렇게 우리 농촌이 변한 것이다. 이 수필은 의미화가 잘 되어 완성도가 높은 작품이다. 보이지 않는 자신의 마음을 문자로 표현한 수필이다. 자기를 되비쳐 보는 글, 그게 바로 수필이 아니던가?

그 어른의 설명을 듣고서야 우리 선조들의 진솔하고 깊은 정과 삶의 지혜를 새삼 깨달았다. 과일 맛은 사람보다 날짐승들이 더 잘 알고, 날짐승 중에서도 까치가 그 맛을 제일 잘 안다고 한다. 그래서 옛날 어른들은 까치가 쪼아 먹던 감이나 배 같은 과일을 고마운 선생님이나 의원님께 드렸다. 선생님을 존경하고 인술을 베푸는 의원들에게 고마움을 나타내는 속 깊은 인정의 표현이며 삶의 지혜가 아닌가 싶어 크게 감명을 받았다.

-〈까치가 쪼아 먹은 홍시〉 중에서.

어렸을 때 들었던 어른의 말씀에서 깊은 깨달음을 얻었다는 회고담이다. 이어령 교수는, 명문장은 깊이 생각하고 끝없이 상상하는 힘에서 나온다고 했다. 그러면 명문장이란 무엇인가? 언제 어디에서 누가 읽어도 감동을 받을 수 있는 글이 바로 명문장이다. 관조와 관찰 그리고 상상은 좋은 수필을 이끌어내는 원동력이다. 그 정도의 경지에 이르러야 수필가로서 일가를 이루었다고 할 수 있을 것이다.

그날 아침도 학교 가는 길에 한참을 뛰어가다 앞서 뛰던 친구가 자빠졌다. 벌떡 일어났는데 엉엉 울기에 왜 우느냐고 물었더니 호주머니에 넣고 가던 달걀이 깨졌다고 우는 것이었다. 그 친구의 손에는 달걀이 반쯤 깨어져 질질 흐르고 있었다. 기왕 깨진 달걀이니 먹으라고 했다. 그 친구는 도화지를 사야 하는데 먹어버리면 어떻게 하느냐면서 계속 울었다. 도화지는 내가 줄 테니 깨진 달걀이나 먹으라고 자구 재촉했더니 울면서 달걀을 먹었다.

—〈깨진 달걀의 추억〉 중에서.

얼마나 아름답고 순수한 정경인가? 동심童心이 짙게 묻어나는 한 편의 동화 같은 분위기다. 초등학교 2학년 때의 우정이 그림처럼 예뻐서 독자들을 꾸밈없이 미소 짓게 한다. 이러한 심성을 지니고 있기에 좋은 수필을 쓸 수 있는 게 아닐까?

영원히 묻혀버릴 수도 있었던 문화유적을 우연히 닭이 알려줘 세계인들이 많이 찾는 유명한 관광지가 되었다. 그곳은 터키의 중부 카파토키아 지역 농촌마을에 위치한 데린쿠유라는 지하도시다. 가이드는 이곳을 세계 8대 불가사의 중 하나라고 설명했다. 그러나 이 거대한 지하도시를 그 옛날 어떻게 건설할 수 있었을까? 인간의 힘만으로는 불가능했을 거라는 생각이 들었다. BC 1400년경 히타이트시대에 건설되어 전쟁 시 피난처로 이용되었으며, 초기 기독교인들이 박해를 피해 자신들의 종교를 지키며 은둔생활을 하던 장소라고 한다.

—〈닭이 알려준 지하도시〉 서두.

터키의 이 지하도시 입구는 한 사람이 겨우 들어갈 정도로 좁은 통로란다. 지하 50미터까지 파내려간 동굴은 20층으로 1,200여 개의 방이 있고, 최소한 2,3만여 명이 살던 도시라고 한다. 지금은 8층까지만 공개하고 있는데, 1,2층엔 축사와 창고, 포도주공장, 식당과 학교가 있고, 3,4층엔 성당, 병기창고, 감옥, 묘지가 있다고 한다. 터키의 카파토키아 지역에는 이와 비슷한 지하도시가 여러 개 더 있으며 지하도시끼리 연결되는 비밀통로도 있다고 한다. 지하도시로 들어가는 통로를 발견하는 눈, 그것이 수필가의 눈이어야 할 것이다.

志石 최기춘 수필가는 여행을 즐기며 좋은 글감을 찾는다. 세계 5대양 6대주는 그의 활동무대다. 그가 임실군청에 근무할 때 만든 동아리 〈좋은 사람들〉 회원들과 더불어 대마도를 찾기도 했다. 부산에서 대마도까지는 거리가 49.5㎞인데 일본 후쿠오카에서 대마도까지는 138㎞다.

> 문화유적도 대부분 우리나라와 관련된 것들이고 문화행사나 체육행사도 우리와 연관된 행사들이 많다. 쓰시마의 아리랑축제는 매년 8월 첫 번째 토요일에 열리는 대마도의 행사 중 가장 규모가 큰 행사다. 17세기 이후 우리나라와 일본 간 문화교류의 첨병역할을 했던 조선통신사 행렬을 재현하고 한국과 일본의 전통무용을 포함한 무대행사와 어린이 기마행렬, 노 젓기, 불꽃놀이 등 다양한 행사가 펼쳐진다고 했다. 그 외에도 한국이 보이는 해안을 따라 달리는 국제마라톤대회와 한일 양국 간 친구음악제 등 체육행사나 문화행사가 대부분 한국인을 위주로 한 행사라는 느낌이 들었다. 돈을 벌어들이기 위해서는 무슨 일이든지 최선을 다하는 일본인들의 근성

이 잘 들어난다고나 할까?

—〈좋은 사람들의 대마도 여행〉 중에서.

대마도를 넘나들면서 한일 두 나라의 역사적인 관계를 되짚어 보기도 한다. 역사의 강물에 낚싯대를 드리우고 수필 소재를 찾는 데도 게을리 하지 않는다. 역사는 수필의 보고寶庫다. 건져 올릴 수필소재가 무진장 숨어있는 곳이 역사의 바다다.

志石 최기춘 수필가는 평소엔 점잖은 편이지만 술자리에 앉으면 우스갯소리로 좌중을 잘 웃긴다. 개그맨이 된다. 유머가 풍부하기 때문이다. 그러기에 그를 싫어하는 사람이 없다. 그러한 그의 성품은 수필에서도 그대로 드러난다. 남편과 아버지의 권위가 나락으로 떨어지고 있다면서, 어머니의 권위만 높아지고 아버지의 존재가 무시된 편향된 가정은 행복해질 수 없다고 하소연하기도 한다. 그 외침이 독자들을 어떻게 움직이고 어떤 메아리로 돌아올까?

어떤 친구는 아내의 잔소리 때문에 화장실에서 앉아서 오줌을 눈다고 해서 웃었다. 남녀가 늙어서 필요한 것이 무엇이냐고 물으면, 남자들은 첫째 아내, 둘째 건강, 셋째 돈, 넷째 친구, 다섯째 일이나 취미라고 한다. 또 어떤 사람은 첫째 아내, 둘째 마누라, 셋째 집사람, 넷째 애들 엄마, 다섯째 와이프라고도 한다. 반면 여자들은 첫째 돈, 둘째 딸, 셋째 건강, 넷째 강아지, 다섯째 친구란다. 늙은 남편들은 아내가 없어서는 안 된다고 생각하지만, 늙은 아내들은 남편쯤 안중에도 없다. 오히려 늙어서 제일 필요치 않은 것이 남편이라고 한다.

—〈더 이상 떨어지지 않았으면〉 중에서.

세상의 남편들은 이 수필을 읽고 씁쓸한 미소를 지을 것이요, 아내들은 목젖이 튀어나올 정도로 크게 웃을 것이다. 志石 최기춘 수필가의 집안 내력에도 관심을 기울여 볼 일이다. 고조할아버지 때부터 동학혁명과 독립운동에 참여하여 활동했다고 한다. 어릴 때부터 아버지로부터 애국애족활동에 뛰어든 선조들의 삶의 내력을 들으며 자랐다. 그러기에 할아버지들의 활약상은 전설이나 신화처럼 수필가 최기춘의 가슴속에 차곡차곡 쌓여있을 것이다.

고조할아버지와 증조할아버지는 1894년 갑오동학혁명 이전에 집에 두었던 10여 명의 종들을 평민으로 살도록 풀어주었다고 한다. 평소 빈민구제에도 힘써 우리 고향주변 마을에서는 오산댁(고조모 택호)네 전답이 되어달라고 빌었다고 전해지고 있다. 증조할아버지께서는 임실군 청웅면 구고리에 삼화학교를 설립하여 후학양성에도 노력하셨다. 동학혁명과 3·1독립운동 그리고 무인 멸왜운동滅倭運動에 전 재산을 헌납하시고 관군과 왜경에 쫓겨 은둔생활을 하시다 돌아가셨다. 그 뒤 할아버지와 아버지께서는 역도 아닌 역도의 후손으로 몰려 마음고생은 물론 가난하여 배우지도 못하고 많은 고생을 하셨다고 한다.

—〈동학의 후손들〉 중에서.

그런 집안의 후손이니 志石 최기춘 수필가의 핏속에도 나라와 겨레를 사랑하는 마음이 흐를 수밖에 없으리라. 이처럼 바른 심성을 지닌 사람이 수필을 써야 독자들이 공감할 수 있는 수필이 될 것이다. 그러기에 수필이 종교를 대신할 수 있는 문학으로 자리매김해야 한다고 하는지도 모를 일이다.

> 어디에선가 읽었던 우리나라 외교통상부 사무관의 수기를 잊을 수 없다. 외교관계로 외국의 중요한 인사와 만찬을 하는데 술도 권하면서 한참 음식을 먹다 보니까 음식에서 배추벌레가 기어 다녀 그 외교통상부 사무관은 심장이 멎을 뻔했단다. 그러나 정신을 바짝 차리고 남들이 눈치 채지 못하도록 아무 일도 없는 것처럼 배추벌레를 음식에 싸서 태연히 먹어버렸다는 것이다. 나는 이 이야기를 읽고 가슴이 막히고 목구멍이 뜨거워진 적이 있었다. 과연 어느 누가 국익을 위해서 아무도 눈치 채지 못하도록 배추벌레를 먹어버릴 수 있을까?
>
> ―〈머슴들에게 영혼을〉 중에서.

志石 최기춘 수필가는 자신이 34년 동안 몸담았던 공무원들에 대해 동병상련의 애정이 누구보다 깊다. 그는 스스로 언제나 공무원들의 대변인 노릇을 자처한다. 우리나라 공무원들 중에는 외교통상부 사무관 못지않은 공무원들이 많다고 항변한다. 그러면서 공직자들이 긍지와 사명감도 없고 사기가 떨어지면 선진국으로 도약하기 어려울 것이라고 귀띔하기도 한다. 이처럼 독자에게 생각

할 여지를 남겨놓은 글이 좋은 수필이라는데 이의를 달 사람은 없을 것이다.

> 아내의 집 마당에서 전통식으로 혼례를 올렸다. 요즘 예식장의 결혼식보다 격조도 높고 정겹고 추억거리도 많았다. 가끔 혼례식장에서 우인대표들이 읽었던 축사와 처남이 읽은 답사를 들추어 보면 그 옛날의 추억이 새롭고 웃음이 절로 난다. 축의록을 보면 더욱 재미가 있다. ○○○국수 1속, ○○○계란 10개 간장 1병, ○○○찹쌀 1말, ○○○인형1점, ○○○거울 1점, ○○○탁상시계 1점, ○○○풍경화 1점, 40년 전 부담 없는 이웃 간의 축하선물이 더욱 정겹게 느껴진다.
>
> -〈아내와 나는 죽마고우〉 중에서.

옛날 결혼식 때에는 축의금 봉투가 아니라 이런 식으로 축의를 표했고, 축하객들에게는 국수를 대접했었다. 그러기에 언제 결혼하느냐는 말 대신 언제 국수를 주겠느냐고 하는 것이다.

志石 최기춘 수필가는 죽마고우竹馬故友란 사자성어를 '죽도록 마주 앉아 고스톱을 치는 친구'라고 패러디 한다. 〈아내와 나는 죽마고우〉란 제목을 붙인 이유이기도 하다.

> 포세이돈신전에서 바라다본 에게해는 더욱 아름다웠다. 포세이돈신전에서 바다를 바라보고 있노라니 금방이라도 포세이돈의 삼지창을 들고 바람과 풍랑을 일으킬 것 같은 착각이 들기도 하였다.

포세이돈 신전은 BC 440~4444년에 완공했다고 한다. 지금은 다 무너지고 17개의 기둥만 남아있지만, 도리안 식 건축양식으로 6.1m 높이의 거대한 대리석 기둥만으로도 3500여 년 전 그리스인들의 발전된 사회상을 상상할 수 있었다. 다 무너지고 기둥만 남아있는 신전을 구경하기 위해 세계인들의 발길이 끊이질 않는다.

– 〈포세이돈신전〉에서.

그리스의 포세이돈신전에서 에게해를 바라보며 깊은 사색에 잠긴다. 어느 나라든 유물과 유적은 소중한 관광자원이다. 꼭 원형복원을 하지 않더라도 포세이돈신전의 유허遺虛가 역사적 가치를 지니고 있듯이.

심지가 깊은 志石 최기춘 수필가는 매사를 허투루 보지 않는다. 그의 안테나에 한 번 잡히면 그냥 버리는 일이 없다. 또 그의 긍정적이며 따사로운 성정이 섞여 독자에게 깨달음을 주는 수필이 탄생된다. 글은 곧 사람이라는 뷰폰의 이야기는 수필가 최기춘을 두고 하는 말인 것 같다.

3. 志石 최기춘수필가의 내일을 위하여

'磨穿十硯 禿盡千毫(마천십연 독진천호)'

벼루 열 개를 갈아서 구멍을 내고 붓 천 자루를 뭉그러뜨렸다고 한 추사 김정희의 가르침을 가슴깊이 새겨두라고 권하고 싶다. 서예공부를 하는 이들에게 서당의 훈장들이 당부하는 말씀이다 하지만 수필을 공부하는 志石 최기춘 수필가도 귀담아 들어야 할 충고다. 그 정도로 노력해야 수필가로서 대가의 반열에 오를 수 있으리라 믿기 때문이다.

'踝骨三穿(과골삼천)'

복사뼈에 세 번 구멍이 나도록 공부하고 또 공부하라는 다산 정약용의 말씀도 마음에 깊이 담아두면 좋겠다. 그렇게 최선을 다한 뒤 알찬 열매를 거둘 수 있을 것이기 때문이다.

수필쓰기는 평생의 과업이다. 따라서 훌륭한 수필가가 되려면 우선 우리말을 바르게 부려 쓸 줄 알아야 한다. 그러려면 한글맞춤법을 통달해야 한다. 한글맞춤법은 인터넷에서 얼마든지 익힐 수 있다. 수필가들이 찾아야 할 길은 인터넷 속에 있다. 또 훌륭한 수필을 쓰려면 좋은 수필소재를 찾을 줄 아는 눈을 길러야 한다. 그 눈은 육안肉眼이 아니라 심안心眼이어야 한다. 그와 더불어 표현력을 기른다면 천의무봉天衣無縫의 수필을 줄지어 창작할 수 있으려니 싶다. 그리고 수필을 향한 초심을 버리지 말기 바란다. 수필은 수필가가 사랑을 주는 만큼 사랑을 돌려준다는 점을 잊지 말라고 들려주고 싶다. 대성을 빈다.

최기춘 처녀 수필집

마음들에게 靈魂을

인 쇄 2012년 9월 15일
발 행 2012년 9월 25일

지은이 최 기 춘
발행인 서 정 환
발행처 수필과비평사

출판등록 1984년 8월 17일 제28호
주 소 서울시 종로구 익선동 30-6
운현신화타워 빌딩 2층 208호
전 화 (02) 3675-5633, (063) 275-4000
팩 스 (063) 274-3131
메 일 essay321@hanmail.net

값 12,800원

ISBN 978-89-97700-66-0 03810

※ 이 책은 전라북도 문예진흥기금을 지원받아 발간하였습니다.